朝鮮半島問題と日本の未来

姜尚中
沖縄大学地域研究所 編集

沖縄から考える

沖縄大学地域研究所叢書

芙蓉書房出版

まえがき

沖縄大学教授
沖縄大学地域研究所所長
緒方　修

「ＰＡＣ３本島・宮古到着　北朝鮮「衛星」迎撃用　石垣で自衛官２００人宿営」

　これが二〇一二年四月四日（水）の『沖縄タイムス』の一面です。見出しの左には、夜の国道58号線をヘッドライトを点けて走るＰＡＣ３の部隊の車両の写真が載っています。

　戦争前夜のような不吉な記事です。しかしどうも全てが仕組まれた出来事のような気がしてなりません。

　一ヵ月後、半年後のニュースの予測をしてみます。

　四月中旬に北朝鮮「衛星」打ち上げ、故金日成主席生誕百周年軍事パレードに大陸間弾道ミサイル登場、金正恩氏後継者宣言。北朝鮮の先軍政治に対する国際的な非難が高まる。一方で沖縄近海上空に飛んできた「衛星」はやはり長距離弾道ミサイルであったことが判明、しかしＰＡＣ３（迎撃用、地対空誘導弾パトリオット）では撃ち落とせず、自衛隊の力不足が非難される。これではならじと、国会ではミサイル防衛や軍事偵察衛星の名目で何兆円かの予算が自衛隊に配分されることが決定。沖縄の離島に自衛隊基地建設、巡視艇の配備増強。この動きに対して中国が強い懸念を示す。北朝鮮が再び長距離ミサイル発射を予告。（以下、同様のことが繰りかえされる）

まったくの素人の推測ですが、この通りに事態が進行するような予感がします。

昔、アメリカのアイゼンハワー大統領が「軍産複合体」に警鐘を鳴らしました。調べてみると一九六一年の退任演説でした。彼は第二次世界大戦のヨーロッパ連合軍の最高司令官でした。ノルマンディ上陸作戦の「英雄」です。軍人中の軍人と言って良いでしょう。その彼が危機感を抱くくらいに軍と産が癒着し、過剰な影響力を及ぼしていたのです。この傾向はますます強まり、半世紀後の今ではどうでしょう、比較にならないくらいの軍産複合パワーが世界を覆い尽くしている！

自衛隊の最高幹部の一人が私に語ってくれました。「どう考えても基地を置くのは沖縄しかないんですよ」。彼は息子の嫁さんが沖縄出身、自身も沖縄の三線や文化を愛する「好人物」でした。しかし沖縄の基地を固定化し、軍産複合体の一翼を担う一員でもあります。今回、ＰＡＣ３を抱えて沖縄に入って来た自衛隊の方々も、鬼や蛇ではなく自分の職務に忠実な公務員ばかりでしょう。善意の人々が仕事に励み、北朝鮮の「脅威」から沖縄の人々を守ってくれています。

でもはたしてこれら全ての「前提」は正しいのでしょうか。軍産複合体のシナリオと演出の基に、世界が動かされているとすれば……朝鮮半島の危機はいつまでたっても無くならず、むしろ危機が続くことによって武器商人達は繁栄し続けます。北朝鮮も中国も日本も軍事費は増大するばかり。「基地の島」沖縄はさらに「付加価値」が付いて、打ち出の小槌のように金を生みだす仕組みが固定してしまいます。

姜さんの話は、そうした悪循環を止めるためにはどうすれば良いかの示唆に富んでいます。

北東アジアの危機、六者協議開催の必要性、自ら動かなければ誰が手伝ってくれるのか、と金大中氏から叱責されたこと、などが繰り返し出てきます。私の高校の後輩であるという気安さも手伝って、私的なことも質問しました。東大の先生を辞めるかもしれない、とも漏らしていました。現状を憂えて、こうしてはいられない、少人数の会合にも顔を出し、訴えかけなければ、という強い思いを感じました。この本が少しでもそうした活動のお役に立てば幸いです。

北東アジアの明日を考える

沖縄の明日を拓く

3・11以後の日本の歩むべき道

特別インタビュー

状況を変えるのは自らの手で

北東アジアの明日を考える

平成二十二年十月二十三日
沖縄大学にて

今日はこんなにたくさんの方がおいでになって、ありがとうございます。ただ今ご紹介いただいた沖縄大学の緒方修先生は私の大先輩にあたります（二人とも熊本県立済々黌高校出身）。

二〇〇九年（平成二一年）は薩摩藩の琉球侵攻から四百年ということで、メディアの特集や講演などが何度も開催され、薩摩（鹿児島）出身者は肩身が狭かったようです。その点、肥後（熊本）は、薩摩の隣りなので二人とも無事（？）で良かった（笑）。

私はこれまで沖縄に十回くらい足を運んでいます。今日は「自由に話していい」ということですので、私の思いをいろいろ話させていただきます。

沖縄と朝鮮半島の人々には分かる地上戦の痛み

私がお世話になった方に、韓国の元大統領の金大中《キムデジュン》という人がいます。この方が一九七三年に東京のホテルグランドパレスで、ＫＣＩＡ（韓国中央情報部）により拉致されました。私はそのとき、野球もだめ、就職もだめ、仕方がないから大学院に残るしかない、という状況で、学生運動ばかりやっていました。

拉致されたのはあの方が野党のときで、まさか後年大統領になるとは思いませんでした。東京大学の安田講堂で講演をしていただくなど、ずっといろいろなかたちで接触を持っていました。大統領を辞められて最初にお会いした頃は、北朝鮮を巡るミサイル問題や核問題や拉致問題があり、私たち日本に住んでいる在日コリアンへの風当たりが強かった時代でした。

私自身は、金大中さんが二〇〇〇年にピョンヤン（平壌）を訪れたことを画期的なことだと思っていました。父親はもう亡くなっていたのですが、父親の写真まで持ち出して、テレビの前でずっと実況中継を見ていました。私自身は、北朝鮮のあのような異様な体制に対して一貫して批判してきました。批判してきましたけれども、やはり戦争という手段は取れない。沖縄と朝鮮半島を語るときに共通しているのは、地上戦が行われたということです。

私自身は一九五〇年生まれですから、戦争はわかりません。しかし今回、テレビ朝日の仕事（二〇一〇年八月十五日放送「サンデー・フロントライン」、基地と戦争—姜尚中が見た沖縄）で、短い時間でしたが、辺野古をはじめいろいろなところを回り、大田昌秀元沖縄県知事にも出演していただきました。今さらながら思うことは、東京大空襲とか、広島、長崎に起きたことは人類史に刻むべき大きな惨禍だったわけですが、肉親を自らの手で殺《あや》めなければならないという、そういう凄まじい地上戦の歴史というものは、やはり本土の人にはわからないわけですね。この痛みが分かるのは、たぶん沖縄と朝鮮戦争があった朝鮮半島の人々でしょう。

一九五〇年六月二十五日に勃発したと言われている戦争ですが、その被害についてはいろいろな説があります。北朝鮮および中国の戦死者も入れて大きく見積もると三六〇万人くらいという説もあります。つまり、わずか二、三年の地上戦で、あの小さな半島で、もちろん旧満州の近くまでロールバックして攻め入ったときもあったわけですが、約三六〇万人が死にました。これはベトナム戦争でのベトナムの人々の戦死者と同じ数で、アメリカ人の戦死者も大体同じ数です。ベトナム戦争は非常に長かったのですが、朝鮮戦争のわずか二年数ヵ月で、中国の義勇軍兵士も相当亡くなったにしても大変な数です。近年の湾岸戦争、イラク戦争、アフガン戦争でも、まず空爆をしてから地上戦に入っています。太平洋戦争では、日本は沖縄を楯《たて》にして地上戦を免れました。そのことの意味が戦争と一緒くたにされていて、なかなか理解されていません。

戦争体験という点では日本と朝鮮半島は陸続きではないか。金大中さんはそのことをよく知っていました。私も、もう一回、南北で戦争が起きたら取り返しがつかない、これは何が何でも避けなければいけないと思いました。

北朝鮮による拉致事件が明るみに出たときに、いろいろな本を書き、メディアでもいろいろやりました。しかし日本国内は騒然たる雰囲気でした。拉致被害者をどうするんだ、その人たちのためには北朝鮮にいる二千万人が死んでもいいくらいの、そういうムードだったわけです。私は驚愕しました。いくらなんでもそれはないだろうと。

朝鮮戦争のとき、私の家でも鉄くずを拾っていました。その鉄くずは八幡製鉄の溶鉱炉で溶

沖縄の明日を拓く

かされて、大砲の弾になったわけです。在日の人はそれで少し経済がよくなりました。よくなりましたが、父親も母親も毎日泣いていました。自分たちの肉親がどうなっているか分からないからです。考えてみれば、これはものすごいパラドックスというか、アイロニーですよね。自分たちは日本の地でほそぼそと生活をして、集めた鉄くずが自分の肉親を殺すために使われる。それをどこかで分かりながら、昼間は一所懸命働き、夜は泣いている。そういう状況があった。吉田茂さんの言葉を使えば、「天佑神助《てんゆうしんじょ》」、神様が我々を助けてくれたと。おそらく嘉手納から、あるいは横須賀からB29が飛び立っていったと思います。血で血を洗うような、大変な内戦でした。

ベトナム戦争は世界中の人がいろいろなかたちで知っているんですけれども、朝鮮戦争はよくわからない。なぜかと言うと、テレビもありませんでしたし、あの当時はジャーナリストが現場に入って世界に配信するということもなかったんです。

アメリカは「忘れられた戦争（forgotten war）」と言っています。しかしこの戦争は大変な戦争であり、日本の進路を変えました。東北アジア戦争と言う人もいます。私の尊敬する和田春樹さん（元東京大学教授）の『朝鮮戦争』を読むと、これは東北アジア戦争だったと。中華人民共和国の成立からさらに朝鮮戦争は陸続きである。中国内戦に参加したかつての北朝鮮の人民軍がやがて朝鮮戦争というかたちで中国側に加わった。また台湾の蒋介石政権も大きく変わっていきましたし、ここにたくさんの国々が参戦しました。これはまだ終わらない戦争として、今も凍結されているわけです。つまり休戦協定を結ぶということは、ドンパチを止めるというだけの話。平和協定すらないのです。

そういうときに、二〇〇〇年に金大中氏がとにかく向こうに行こうじゃないか、と言って胸襟を開いた。一千万人の離散家族が親や妻や夫と会えなくて、何十年間も分断されているわけです。拉致被害者もたくさんいました。つまり大げさに言うと半世紀以上にわたって、拉致被害者の悲しみを与えられている人が一千万人いるということです。ところが拉致問題で、降って湧いたように日本国民全体が被害者になったわけです。一般市民をそうやって拉致するなんてことは言語道断のことですよね。これは絶対許せない。でも許せないにしても、そのためにレジーム・チェンジ（regime change）をしていい、あんな肥え太った将軍様が控えている国なんてなくなってもいいんだと公言する人がいるわけです。私はさすがにこれには驚きました。それはあまりにもひどい。

金大中氏は、五十年間考え続けて方法は一つしかないと。それはサンシャイン・ポリシー、つまり太陽政策を取るしかない。これを通じて相手側を変える。相手が変わるまで、自分たちは変わると。そこまで妥協するのか、という考え方が内部にはあったわけですが、彼自身はそれを一貫させました。

これと全く同じような政策を取ったのが、旧西ドイツのブラントという人でした。ブラントはドイツのナチス政権に反対した人ですが、彼が取ったのが東方政策です。つまり、ポーランド、東ドイツ、旧ソビエトと融和政策を取る。そしてヨーロッパ全体を分断している壁を取っ払う。壁を取っ払われなくても、お互いが相互交流をするというものです。

北朝鮮と韓国の一千万人の離散家族は今もって会えていません。もうお父さんもお母さんも亡くなっていて、墓すらもないわけです。こういう状況で何十年も耐え続けた人々がいる。北朝鮮の閉鎖性やアブノーマルな状態はもちろん知っているわけですが、それでもなんとか会わせてあげたい。あと二週間、一ヵ月しか寿命がない、一回でいいから親の顔を見たい、という人がいるわけですからね。これは皆さんもおわかりになると思うんです。

拉致被害というのは大変な被害です。しかしあの半島には何十年にわたって、その苦痛に耐えてきた人々がいるということをわかってほしい。それがあの凄惨な内戦、地上戦によってつくられた。それは沖縄の人だったらすぐわかるはずです。自分の子どもたちを、あるいは親を殺さざるをえなかったようなこともあったわけです。向こうも同じなんです。ところがメディアにはそれはなかなか理解されませんでした。私も心情を書いて、ある程度は理解されたんですが、なかなか大変でした。

「自分たちのことは自分たちでやる」ことを教えてくれた金大中氏

そういうときに金大中氏とお会いしました。日本の中で、こういう問題で在日の人が大変ですと話していました。そのとき、彼からなんと言われたかというと、叱られたんです。「姜さん、何を言っているの。自分たちのことを自分たちでやらずして、誰が助けてくれるんだ」と言われたんです。びっくりしました。つまり、あなたたちは日本に住んでいてどんなに少数者であっても、あなたたちがんばらなければ誰が手を貸すんだと。あまりに厳しいご意見に私は粛然としました。

金大中氏が拉致されたときの様子はある程度知っていますが、ホテルで拉致された後、車の下のところに身動きできない状態で押し込まれ、糞尿も垂れ流しだったと思います。ちょっと身体をよじると足で蹴られたり、大変な状況で船に乗せられて、今度は錘《おもり》を付けられて船から落とされそうになった。そのとき、突然、閃光が光りました。米軍のヘリコプターじゃないかと、彼は話していましたが、たぶんアメリカは韓国の政治状況を考えて、その当時の朴大統領の軍事独裁政権が変わった場合を考えて、野党の大物を一人キープしておきたかったのではないかと思います。

それで彼は助かりました。金大中氏はクリスチャンです。そのとき、彼は「申し訳ありません。なんとか生かしてください」と神に祈ったそうです。

金大中氏は五回くらいそういう目に遭いましたが、それでも自分たちが声を出していたから、日本の人々も日韓連帯というかたちで、我々に声援を送ってくれたと。自分たちで動くことで初めて外側の世界は支援を惜しまないんだと。あんなに穏やかな金大中氏がそのとき烈火のごとく怒られたので、私は今もってそのときおっしゃったことを肝に銘じているんです。

なぜこういうことを言うかというと、やはり自分たちのことは自分たちでやる、ということですね。これは非常に大切なことだと思います。金大中氏はつねづね私に「民主主義は水道の蛇口をひねれば出てくる水じゃない。我々は民主主義を血であがなった。血を流して、民主主義を勝ち取った。日本はそうではない。敗戦を通じて与えられた。それでも日本の方々が一所懸命がんばって、それを血となり肉にしようとしたことはよくわかる。しかし時々、民主主義というやつを自分の血であがなって獲得しなかったもろさが出てくる」と言うわけですね。これもまた非常に耳の痛い言葉です。

率直に言えば、韓国は二十数年かかって民主主義を獲得しました。民主主義というのは空気や水みたいなものではない。考えてみれば、日本は沖縄戦の貴重な犠牲を通じて本土決戦をせずに済んだのです。これは聖断というふうに神話化されていますが、やはり沖縄という楯がなければ本土決戦はあったかもしれないのです。

金大中氏の教訓は、いろいろな意味で私たちに教えるものが多いと思います。つまり、沖縄は沖縄の運命を沖縄で決めなければいけない。しかし同時に、米軍基地の七十パーセント以上を沖縄に押し付けている日本本土はどうなのか。自分たちの問題を、この戦争で地上戦を戦った島に全部預けて、平和憲法の下で戦後復興は成し遂げられましたと思っている人々がたくさんいるわけですね。大田昌秀さんは、日米安保、沖縄の基地、平和憲法第九条は三点セットで、この三つがあって初めて日本は平和というかたちでいられるんだと言われています。これは言い得て妙だと思います。

東アジアでは「冷戦」は終わっていない

和田春樹先生の言葉を使うと、一九七五年のベトナム戦争終結まで、日本を取り巻く環境は三十年戦争でした。まず朝鮮戦争が起きました。そしてベトナム、さらには旧インドシナをはじめとして東南アジアは内戦や戦争ばかりでした。日本だけ例外だったんです。ところが本土に住んでいると、それがノーマルであるかのように勘違いしていたのだと思います。

でも周りは大変な状況でした。沖縄は一九七二年までアメリカの事実上の軍政下に置かれたわけですし、韓国も軍政庁の支配の下に置かれました。ＧＨＱは間接統治の形態を取りました。そして占領下の日本の統治機構を通じて、占領政策が遂行されていきました。しかし、沖縄は韓国と同じように直接軍政下に置かれました。だから歴史的な共有体験としては、韓国と沖縄は非常に似通っているわけです。そういう中で日本の本土が「経済成長」を驀進《ばくしん》していきます。そして本土復帰後、核抜き本土並みと、平和憲法の下にあろうとする我々の願いにも関わらず、そこから営々と基地はなくなっていません。

今回、普天間の問題が出てきて、これをどうする、ああするという議論が出ているわけです。もう少し大きく俯瞰して見ると、なぜそういう問題が起きるのか、あるいはなぜ今回のような尖閣諸島沖の問題が起きているのか。あるいはベトナムと中国で南沙諸島、西沙諸島の問題（注・現在は中華人民共和国が支配。ベトナムと中華民国〈台湾〉も領有権を主張）が起きているのか。あるいは北方領土問題。浅田次郎さんの『終わらざる夏』に描かれた八月十五日以後に起きた旧ソビエト軍と日本軍との戦闘ですね。この小説に私は故あって解説をしたのですが、今北方問題も大きな問題になっている。なぜこういう問題が、今立て続けに起きているのか。

一般の新聞を読むと、「中国はけしからん」とあります。レアアース（希少金属）の蛇口を閉めたり、あるいは声高に日本批判を展開したり、場合によっては反日運動も起きる。石垣周辺の方々は漁をされるなどいろいろな不都合なことがあって、不安に思っている方もいらっしやるかもしれません。あるいは日本と韓国との間には竹島・独島問題（注・日本と韓国、北朝鮮が領有権を主張。韓国、北朝鮮側は独島と呼んでいる）もあります。北方領土問題、韓国とは竹島・独島問題、そして尖閣諸島の問題がある。

沖縄は完全に日本に復帰したということになっています。かつての大日本帝国の時代があって、それが敗戦になり、サンフランシスコ講和条約を通じた対日占領政策として、日本が支配していた旧領土をどうするかという問題が浮上してきました。アメリカを中心とした連合国は、初期の段階は日本に対してかなりシビアな対日政策を取っていました。中国に蒋介石がいた。だとすれば、東アジアの中心は中国、したがって日本に対して敗戦処理は非常に厳しい態度で臨もうと。日本が戦争に負けて、領土が縮小する。その場合に手放す領土はどこに帰属するのか。どの範囲をもって旧日本の領土と見なすのか。

ところが中国で内戦が起き、そしてやがて中華人民共和国が成立する。さらには朝鮮半島の南北にそれぞれの国ができあがりました。そしてヨーロッパから冷戦の風が吹いてくる。そうすると大きく変わっていくわけです。

そのときに、とても有名な話ですが、アチソンという人がアチソン・ラインというのを引きました。日本は北東から西南に向かって、ずっと弓状に長い国です。現在の千島、南樺太から日本列島、さらにフィリピンまでは完全にアメリカの中に入れよう。しかし台湾や朝鮮半島は中国、場合によってはソビエトの勢力圏に入れても仕方がない。そういういわゆるアチソン・ラインというのを引いたわけです。皆さんもすぐお分かりになると思いますが、北方領土から日本列島、そして竹島・独島、尖閣・沖縄、さらにフィリピンから南沙諸島、西沙諸島、そのラインにそって今、問題が起きているわけです。

アメリカは、冷戦が始まる以上、対日政策が非常に重要になってきた。やはり日本を早く復興させなければいけない。そして対中国、対大陸に対する橋頭堡《きょうとうほ》をつくらなければならない。朝鮮半島は場合によってはソビエト圏の中に含まれても仕方がない。台湾も場合によっては仕方がないだろう。しかしフィリピンだけはどうしても守りとして取っておかないといけない。アメリカの思惑としては、冷戦の中で東アジアのいくつかの地域に楔《くさび》を打ち込んだということでしょう。その記録をあいまいにしておく、ということです。この問題が歴史的背景としてあります。

実際に日本が独立を獲得して日ソとの北方領土交渉があって、歯舞《はぼまい》、色丹《しこたん》がどうやら割譲されるかもしれないというときに、アメリカは非常にあせりました。北方四島のうちの歯舞、色丹が日本に帰れば、沖縄はどうするという問題が出てくる。ですからアメリカの極東戦略にとっては、沖縄の問題と北方領土の問題はいわゆるリンケージされていたわけですね。これをバーターに使いましたし、結局、日ソ関係に楔を打ち込みました。それはアメリカのその当時の冷戦政策にとってはよかったんでしょう。なぜならば、日本とソビエトが仲良くなるということは、アメリカの戦略にとっては好ましくない。そういう歴史的背景がありました。

私が何を言おうとしているかというと、東アジアでは冷戦は終わっていないということです。ベルリンの壁が崩壊したときに、私たちは冷戦が崩壊してよかったと。それはヨーロッパでの出来事です。しかし東アジアはそうではありません。東ドイツもポーランドもチェコも、いろいろな国国家は冷戦が終わっても崩壊していません。非常に複雑な状況です。また旧社会主義国々が旧ソビエトの衛星国家としてスターリンの下に強いられて、やむなく旧ソビエトの事実上の勢力圏の中に入りました。しかし、ベトナムも今の北朝鮮も中国も自らの力で抗日戦争を戦って独立を獲得しました。言ってみれば、社会主義という制度が時代遅れであるにしても、根を張ってそこから幹が出てきたわけです。

しかし、東ヨーロッパは旧ソビエトによって移植された。ですから変わるのも早いわけです。東欧革命というのが起きて、ルーマニアではチャウシェスクは殺されましたが、ほとんどは血を流さずに大きな変化が起きている。しかし東アジアはそうはいきません。論者によっては、東アジアでもヨーロッパと同じような変化が起きるはずだと。社会主義はもうオールドファッションで、早晩あんな独裁国家は滅びる。だから、北朝鮮なんてちょろいじゃないか、というふうに言う人もいます。でも、それは明らかに誤りです。今もって中国は崩壊の兆しすらありませんし、世界で有数の経済大国になろうとしています。

北朝鮮も崩壊するのではないかと言われながら、一九九四年に金日成《キムイルソン》が亡くなってから十六年経っています。あの時、雑誌『タイム』になんと書いてあったかというと、「ヘッドレス・ビースト（headless beast）」、首なし怪獣です。つまり金日成という首がなくなって、この怪獣は早晩崩壊すると。金正日《キムジョンイル》という男はどうやら梅毒で、そして女性に狂っていて、クレージーだと。こんな人物に核を任せたら大変、と書いてあります。あの当時、日本のいろいろな専門家たちが、金正日体制は一週間で崩壊すると言っていましたが、あれから十六年経っています。

つまり、私たちが考えるほど、北朝鮮も中国もそうやわではないということです。そう簡単には崩壊しない。だからこそ金大中氏はサンシャイン・ポリシー（太陽政策）を取ったわけです。お互いが共倒れにならないかたちで、とにもかくにも不測の事態が起きないようにしよう。だからこそ彼はピョンヤンに行きました。しかし、残念ながら今でも東アジアの周りにまだ地域冷戦と言ってもいいようなことがくすぶり、それが日本の針路や沖縄の基地のあり方や、沖縄の未来に暗い影を落とそうとしています。

時計の針を逆行させてはいけない

今、日本のリーダーの中には、中国と一戦やるべし、などと勇ましいことを平気で言う人もいます。いや、日本は核武装すべきだと言う人すらいるのです。もちろんそれはマイナーな意見でしょう。しかし、中国を仮想敵国にし、日米安保を強化して中国を封じ込めておかないといけないのではないか、ということを言う人もいますし、場合によっては日本の自衛隊の配備をもっと沖縄方面に強化すべきだという意見も出てくるかもしれません。

基盤的防衛整備というかたちで、今答申が出ていますけれども、これを政府はどう受け止めるか。その中には非核三原則の見直しも盛り込まれています。本当にそうなんだろうか。中国抜きに日本の経済は成り立つのか。成り立ちません。これは明らかです。沖縄もそうですし、韓国もそうです。

しかし一方で中国脅威論、膨張論というのは根強くある。中国もまた、どの程度まで軍事力を強化しているのか、いろいろな説があります。いずれにしても、十数億人もいる巨大な中国が世界における大きな地位を獲得しようとする時代の中で、新冷戦ということは、まじに考えられる。沖縄はどうなるのでしょうか。南北分断の韓国はどうなるのでしょう。それは時代の時計の針を逆行させることですね。やはりこれは我々が取るべき道ではないと思います。

ヨーロッパで、もし西ドイツが東ドイツを吸収合併しないかたちで、対等合併で時間をかけていたならば、東西両ドイツの関係はもっと変わっていたかもしれません。しかしそうなりませんでした。ブラントはこう言っています。ヨーロッパはヤルタに集まったチャーチルやスターリンやルーズベルトによって完全に分断された。そしてドイツは同じ国なのに二つに分断された。ドイツの不幸はヨーロッパの不幸だ。なんとかこの分断を超えよう。分断線を完全になくすことはできないけれども、交流を深めて、人々が交流し合えば不測の事態は防げると。

そのために彼はポーランドのワルシャワに行ってひざまずいて、過去の歴史について許しを請いました。ワルシャワ・ゲットーの蜂起のときに亡くなった多くの人々に対して哀悼の意を捧げるシーンを見て、ポーランド人は変わりました。

どうでしょうか。日本の内閣総理大臣や日本のトップにある方々で、沖縄戦の惨状を肝に銘じ、沖縄のために何かをしなければならないという人が少なくなりつつあるのではないでしょうか。ですから私は菅直人首相にお会いしたときに、彼が総理大臣になる前ですが、日韓併合一〇〇年だからソウルに行って、ブラントまでやらなくてもいいですが、同じようなことをしてほしい、植民地支配について謝罪の意というものをどこか象徴的な場所でやってほしい、という進言をしました。今回、政府の声明というかたちで出ましたが、いずれにしろ日本は過去の歴史的な問題についてまだきちんと向き合っていない。

それを話すと「いつまで言っているんだ」とよく言われるわけです。しかし、強制連行で連れてこられた人たちの骨がまだ日本本土だけで万単位でばら撒かれているわけですよ。どこに誰の骨があるか分からない。残された人々がまだ韓国や北朝鮮にいて、自分の血縁の遺骨を何とかしてくれということをずっと日本に言ってきたわけです。最近やっと官民一体となって取り組み、遺骨がいくらか見つかって、それを送り出すことになっています。まだ戦争の傷跡は残っているわけです。

ドイツはそういう問題をクリアすることによってしか、ドイツの本当の意味での国益はありえないと思った。ドイツの方がクレバーなんですよ。結局、日本はそれを先延ばししたことによって、逆に東アジアの中で、信頼関係やあるいは日本がもっといろいろな働きができるにもかかわらず、自らのフリーハンドを狭めてしまいました。

金大中氏は私に何度も言いました。戦後の日本は戦前の日本ではない。日本は甚大な犠牲を払って、新しい国づくりをした。それを我々は率直に認めなければならない。だから日本がドイツ並みに歴史の問題を清算するなら、我々は喜んで国連安保理の常任理事国に推薦したいと。でも残念ながら、なかなか先に進みません。

頻発する領土問題と新しい冷戦構造

そういう問題の根っこにある領土問題がなんでこんなに激発するのか。それは、これまでの冷戦構造が変わってきているからです。地域冷戦のあり方が変わってきているからです。中国が台頭し、南北朝鮮も今冷ややかな関係にありますが、二〇〇〇年にあのような首脳会談を開きました。そして日本を取り巻く環境は大きく変わっています。今のロシア大統領が北方四島に行くということで物議をかもしていますが、旧ソ連は崩壊しましたし、モンゴルも変わりました。ベトナムも変わりました。

つまり、かつての地域冷戦型構造が大きく変わり、その中でいわば国境問題というか、領土問題が出てきているわけです。今のこの領土問題を新しい冷戦の枠組みづくりの中にあてはめると、今の本土のメディアがそうであるように、やっぱり沖縄に基地を置かないといけない、日米安保はこれまで以上に強化しないといけない、という世論がひたひたと広がっていくわけです。これは日米安保イコール日本の生命線、イコール基地提供、イコール沖縄、ということになる。この連鎖は、がっちりとはまった閂《かんぬき》のように解けない。

今の状況は、もう一度そういう地域冷戦型の紛争というものが、とりわけ中国を中心にして、新冷戦というものになるのか、それとも運よくその問題をクリアできるような仕組みができるのかどうか、ここにかかっていると思います。

サンフランシスコ講和条約は全面講和ではありませんでした。四十八ヵ国と日本は講和を結び、日本はそれによって国際社会に復帰しました。そして日米安保体制がつくられたわけです。でも今の地域紛争の争点になっている国は、一つとしてサンフランシスコ講和条約の対日講和の当事国になっていません。韓国も北朝鮮も中国も呼ばれていません。ソビエトもそうです。ここに歴史的遠因があるんです。アメリカにとって日本という橋頭堡を確保することは非常に重要なことでした。そういういろいろな問題があって、今日、中国の大国化、そして日本を取り巻く環境の変化の中で領土紛争というものが起きているわけですね。

私は中国共産党の一党支配は、歴史の風雪に耐えられないと思います。歴史の必然ですね。それは変えていかないといけない。ただ中国共産党は旧ソビエトのゴルバチョフの轍《てつ》は絶対踏まないと肝に銘じているでしょう。ならば少しずつ少しずつ中国が変わっていく方向にいろいろな働きかけをしていくしかありません。金大中氏の言葉を使えば、中国の軍事力や軍部や、あるいは共産党一党支配に凝《こ》り固まっている人々が力を持たないようにするために、周辺はデタント、緊張緩和を進めていくべきだと。中国を仮想敵国にすれば、必ずそれは抑止力のジレンマに陥る。向こうも必ず軍事力を増強させる。中国を相手にそれをやれば韓国はひとたまりもない。日本もそうじゃないでしょうか。

そう考えると、やはり多国間協議を開かなければなりません。対日講和を多国間協議にしたい。対日講和では、アメリカ主導で当事国を抜きにして決めてしまいました。もう一回、多国間協議をしたい。それが私の言う六者協議でした。北朝鮮の核開発を防ぐ、核放棄を迫る、しかし北朝鮮に体制を保証する。そして国交を正常化して、同時に拉致問題も解決する。私は十年余りそれを訴えてきましたが、なかなか受け入れられませんでした。最近そういう話はあまりやりませんが、沖縄に来ましたので、率直に話すとそういうことです。

南北の緊張緩和だけではなくて、休戦協定を平和協定に変えなければなりません。平和協定に変えることを通じて、当事国であるアメリカ、中国、北朝鮮、そして韓国の四者会談が必要です。韓国は休戦協定に調印しませんでした。しかし韓国抜きの平和協定はありえないでしょう。四者が集まって、平和協定を結ぶことによって、北東アジアから冷戦は終わるということなんです。

朝鮮半島問題の六者協議を沖縄か広島で

朝鮮半島の南北を分断させたまま、どうして冷戦が終わるでしょうか。これがある限り、沖縄に米軍が、そして韓国に米軍が永続的にいなければならない、という議論を否定できない。そのためには六者協議を通じて、これを叶えようと。金大中氏もそうでしたし、私もそうです。ロシア、アメリカ、日本、南北両朝鮮、中国、この地域の全ての統治者がここに含まれています。

その六者協議は、ユートピアかもしれませんが、沖縄か広島でやるべきだと思います。この会談を北京ではなくて沖縄で、あるいは広島でやれば、日本はまさしく、核の洗礼を受けた国として、沖縄戦のあったこの地域から北東アジアの平和に向けて大きな発信ができる。

残念ながら、日本の統治者や国の考えはますます狭まっていきました。拉致問題は日本の国民感情からすると、トラウマのようになりました。これは無理からぬことと思います。善良な一般市民を国家機関のエージェントが拉致するなどということはあってはならないことです。しかし北朝鮮と日本との間には全く国交がありません。そして日本の基地からB29が飛び立ってたくさんの人たちが死にました。そういう東アジアにおける長い冷戦の中の苦しみと不信感があります。私は決して北朝鮮に対してエクスキューズする意味で言っているのではなくて、その背景にはおびただしい数の犠牲者があったということです。それをしっかりと受け止めないといけないと思います。

北朝鮮にも残念ながらまだ在朝被爆者がいると思います。おそらく一千人はいるんじゃないでしょうか。強制連行で家族を連れていかれた人々もまだ北朝鮮にいると思います。そういうことを考えるならば、日本の国民にとって本当に腹立たしくもありますが、娘を待ち焦がれているご両親の痛恨の痛みが一番よくわかるのは、韓国あるいは北朝鮮の普通の人じゃないかと思います。

南北が分断されて、家族離散の苦しみを一番味わっている国。この国家犯罪が日朝関係をここまでがんじがらめの状態にしてきたと思います。核を持った国とアメリカは戦争しません。かつて政府の高官がレジーム・チェンジがありうると言っていましたが、そんな馬鹿なことは口が裂けても言うべきではないと私は思っていました。

一九九四年のクリントン政権のときに、ペリー国防長官の下でアメリカの統合参謀本部はヨンピョン（寧辺）のプルトニウムの核施設を爆破する計画を立てていました。沖縄か韓国の基地からレーダーサイトに捕捉されないステルス戦闘機が二、三機飛び立って、ヨンピョンの核施設を爆破する計画がゴーサインを出す寸前まで行きました。そのときの最小限の見積もりでは死者は二、三千人ぐらいで終わるだろう、しかし最大限見積もってどうかというと、実は百万人が死ぬ。その被害額は最大限見積もって一兆ドルと言っていました。あまりにも大きな幅があったのでアメリカは止めました。

つい最近、ニューヨーク・フィルハーモニックかなにかのコンサートがピョンヤンで開かれました。そこでアリランとともに、ドボルザークの「新世界」が披露されました。会場に来ている人たちはおそらく党の息がかかっている人で、普通の人は来られなかったでしょう。そこに、北朝鮮攻撃計画案の当の責任者であるペリー元国防長官がいました。

彼は米朝交渉を進めようとしました。彼は、「アメリカが先制攻撃を加えたときにピョンヤンがどう対応するかわからない。なぜならば、我々は北朝鮮のことを知らないから」と告白しています。相手のことも知らずに、外科手術的な先制攻撃をやった場合にどうなるのでしょう。ソウルは北朝鮮の報復攻撃で火の海になったかもしれません。それを食い止めるためにも、自分たちで動かなければ南北の平和は獲得できないというので、金大中氏はピョンヤンに向かったわけですね。大変な反対がありました。彼が辞めたあとも、彼の自宅には数百名の黒い戦闘服を着た特戦団（韓国軍空輸特戦団＝特殊部隊）のOB、あるいは北朝鮮と戦った在郷軍人会でしょうか、三百〜五百名の人が金大中氏を口汚くののしっていました。金大中氏が亡くなって国立墓地に埋葬されるときに、門の所まで来て、墓を暴きだして遺骨までバラバラにしようとさえしました。骨肉の争いですから、それぐらいの反対があったんです。

金大中氏は、生きるか死ぬかのつもりでピョンヤンに行ったと思うんです。自分が政権を取ったのは権力のための権力ではない。自分がやることは五十年考えてきた。それがピョンヤンに行くことだと。南北首脳会談を実現するために、自分は政治家になった。これは悲壮な覚悟だったと思います。

北東アジアにアニアン・フォーラムを

今、日本の政治に一番欠けているのは、新しい構想力、政治的想像力を持って、自分の掲げたテーマに向かって邁進《まいしん》することですね。もしかしたら鳩山さんにはその可能性があるのではないかと、皆さん思われたのではないでしょうか。私もそう思いました。ですから、鳩山さんには「五月という期限を区切らずに、自分の任期中に普天間基地の国外移設という選択肢を追求してください」と口すっぱく言いました。今パンドラの箱が開いて、沖縄の多くの県民はもう県内に基地はいらない。これはもう後戻りできないのではないかと思います。

私は今、未来について語りませんでした。なぜならば、厳しい現実があるからです。幻想的な将来の楽観論は言えません。しかし、もしそういうことが多国間協議で行われて、やがて六者協議からそれが常設的な機関、多国間のいわば安全保障の枠組みになって、信頼醸成ができるようになれば、アセアン・フォーラムみたいになると思うんです。

東南アジアは、東南アジア諸国連合としてフォーラムを持っています。だから北朝鮮もアメリカもフォーラムに参加して、お互いにののしりあいながらも同じテーブルについて論議する。

東南アジアの方が、北東アジアより先を行っています。日・米・ロ・中、南北両朝鮮、この地域に多国間の枠組みは何もありません。日米安保か、米韓相互援助条約か、あるいは中国と北朝鮮の間に、事実上骨抜きになった援助条約はありますけれども。

これからの時代はマルチじゃないといけないと思います。多国間協議の場で二国間の問題を解決していく。こういうかたちで一つのセーフティ・ネットをつくるということです。セーフティ・ネットがなければ、みんな不安です。不安だからこそ、極端な行動に走ります。経済的にもいろいろな領域でセーフティ・ネットがあれば人は安心していろいろな行動ができます。まずそれをつくる。やがてこれが私の言う、アセアンに対するアニアンになるだろう。英語で言うと、Association of North East Asian Nations。つまり、アセアンに対するアニアンです。そしてこれをアニアン・フォーラムにすればいい。私は十年前から、六者協議が浮上してきてから、ずっと言ってきました。

そして、その会議の場を可能ならば沖縄にしたらどうか。夢みたいなこと考えるな、と言われるかもしれませんが、私は、もしこういうことができないのならば、いつかこの地域が紛争の発火点になるのではないかと危惧しています。

アメリカ、ロシア、そして中国も世界有数の核大国です。日本は通常兵力において世界有数の国です。韓国もかなりの軍事力を持っています。北朝鮮も核を持ちました。この地域でちょっとしたことが起きて、それが連鎖反応になれば、これはたまったものではないはずです。だからこそセーフティ・ネットをつくらなければいけない。そういう渦中に沖縄はあると思います。沖縄の力だけでは、これだけの大きな問題が解決するとは思いません。しかし、日本が少しでも前に進んで、日朝交渉を進める。そして米朝交渉を進める。そしてロシアとも協議を通じて、中国だけに任せずに北朝鮮の安全保障を保証する。

北朝鮮が核を放棄する可能性がなぜあるか。実は、あらかじめ宣言して核実験をやった国があります。パキスタンです（注・一九九八年に核実験成功。現在、百以上の核弾頭保有と推定される）。イスラエルも事実上持っていると思います。インドもそうかもしれません。北朝鮮が、なぜ衛星ですぐ分かるような場所にプルトニウム型の核施設を、これ見てください、と言わんばかりに置いたのか。なぜあれだけ仰々しく核実験をやるということを内外に宣伝したのか。ありえませんよね。本当に核保有国になろうとするならば、パキスタンの道を選ぶと思います。あるとき、突如として核実験をして、核保有宣言をやる。北朝鮮はそうしていません。金大中氏はそこに確証を持ったと思います。北朝鮮の本音は、体制生き残りのための瀬戸際作戦です。体制が保証されるならば、彼らは核を放棄する。私はその可能性は十分あると思います。

と同時に、中国一国に頼って、完全に植民地化されることは避けたいはずです。アメリカと中国のパワー・バランスの上に北朝鮮の自由度を図りたい。それはあたかも金正日が中ソ対立をうまく利用しながら、独自の路線を走っていったように。

残念ながら今は北朝鮮はますます追い込められ、中国一辺倒、事実上中国のコロニーになりつつありますね。私は、この六者協議の問題が解決することで、この地域の米軍のプレゼンス、あるいは今のような軍事力増強のエスカレーションが収まっていくだろうし、早くそれをやらないといけないと思います。

東アジアでお互いが角突き合わせているこのような状況をヨーロッパの人が何と言ったか。「姜さん、我々は普仏戦争から第二次世界大戦まで、大きな戦争だけで二つやった。これがあったから、ヨーロッパはもう戦争やめようということになった。東アジアはまだ足りてないんじゃないか。もう一回、あの日本がやった戦争と同じことをやらないとヨーロッパみたいにならないのではないですか」と皮肉交じりに言う人もいます。そういうおろかなことは避けなければいけません。

沖縄を特区に

私は、沖縄が今の基地について明確なメッセージを送れば、国の政策は変わらざるを得ないと思います。沖縄県民の意志がはっきりしている中で、それを力で抑え込むことができるでしょうか。そんなことはできないと思います。そうすればアメリカとの交渉も変わらざるを得ない。もし沖縄でかつてのコザ暴動、まあこれは暴動という言い方をあえて使いますが、そういう事態が起きたならば、沖縄のこの現実は日本に巨大なインパクトを与えるはずですよね。

結局、これは沖縄の問題ではなくて、本土の問題です。このような差別的状況を許しているのはやはり不自然です。でも分離・独立できないとするならば、あえて言えば、沖縄特区構想というのがあるのではないか。

九州でも、私は九州特区構想を話しました。もう補助金、交付金を県ごとにもらうのは止めよう。九州ホールディングスをつくって、九州全体で補助金や交付金を一括でもらい、財源、税源を完全に委譲してもらう。そして九州は一体となって、九州の産業、九州のこれからを考える、東アジアのゲートウェイとして新しく踏み出す。前々から九州はそちらで動こうとしています。緒方先生と私は熊本県人ですから、州都は熊本というふうに広げて言っております。

私は九州と沖縄は特区にしたほうがいいのではないかと思っています。特区にしてかつての琉球時代、東アジアの国々と国境を越えて交易、交流を行い、芸能によって人々を魅了した、この伝統が今こそ必要になってくるわけです。これが私の言う「日本の琉球化」です。

時間が来たようです。どうもありがとうございました。

＊　＊　＊

緒方修（沖縄大学）　ありがとうございました。これから質問をいただきたいと思いますが、会場から「沖縄が東アジア共同体の首都に立候補したいと思いますが、ご意見は？」という質問があります。東アジア共同体についてお話しください。

姜　東アジア共同体とは何か、私もよくわかりません。なぜかというと、みんないろいろなことを思い浮かべていて、その実態がよくつかめないからですよね。鳩山さんも、東アジア共同体についていろいろおっしゃったけれど、どこからどこまでの範囲で、そしてどういうまとまりを持って、どういうルールの下に何をやるのか、ということは漫然としてわからなかった。なぜ国を超えた地域統合が必要なのか、というそもそもの問題がまだ一般に浸透していないのではないかと思います。

私は前から言っているのですが、最大の問題の一つはやはり通貨です。日本は今、円高ドル安ということで、たぶん今、財務省、中央銀行総裁等々が韓国のキョンジュ（慶州）でいろいろ話し合っているみたいです。今日のニュースを見ても、この通貨行政政策でとにかく自国の通貨の価値を下げて、輸出ドライブをどんどんかけたいと。それで失業を何とか少なくしたいと。これをやりだすと、ある種の通貨戦争の状態になっていくわけです。これをなんとか回避するために、赤字と黒字の幅をGDPの四パーセントくらいに抑えようじゃないのと。つまり、ある国が赤字を出す場合でも四パーセント以上赤字が出ないように。あるいは四パーセント以上黒字が出ないようにしようと。そういう具体的数字が忽然としてアメリカから言われているみたいですが、これは一言で言うと、中国の元の切り上げに対する圧力だと思います。

一九九七年のIMF危機のとき、タイのバーツから始まって韓国まで。韓国は一旦国が崩壊したんです。それが日本と決定的に違うんですね。韓国経済は急降下して、国が破綻したわけですから屈辱的な目にあったわけです。だからV字回復したのも、私の目から見ると、韓国の方が国や企業レベルで言うと変化が早いわけです。日本のようにまだゆったりできない。ただ間違いなく、通貨が下落し、外資が一挙に引いて、そしてあの当時の韓国の外貨準備高はゼロでしたから、結局それで借金を返せなくなった。こういうことが世界経済の中で、金融の自由化で起きたわけです。今後も起きないとは限らない。そのために域内貿易は三割以上になっているわけです。全てがドルで決済手段を持って、域内貿易をやることがいいことなのか、ということはみんな思っているわけです。

昔のトヨタであれば、例えば二兆円の経常利益が出る場合、一兆円以上は北米だったんです。アメリカで売りさばいて、トヨタも儲けていた。しかし急速にアメリカ市場はそういう状態ではなくなってきましたので、中国や新興国にシフトしている。そうするとドルの価値がこれからも下落していくなかで、円高で輸出関連産業はもう成り立たない。トヨタですらも一円違うだけで六十億ぐらい違うんじゃないでしょうか。もっとかな？　そうすると、輸出関連産業での下請けや地方の企業誘致でなんとかしのいでいるところは、これからはそれがやれない。ほとんどの企業が海外にシフトしてしまう。雇用が保てない、地方経済がダメになる。

これでいいのかと考えると、やはり通貨の安定、為替の安定を図らなければなりません。それがドルに代わるものではないにしても、もう少しドルの下落や乱高下に対応できる東アジアでの貿易を決済する手段として、アジア開発銀行その他はＡＣＵ（Asian Currency Unit）というのをつくろうとしていますが、やはりそういうものが必要ではないか。そこから貿易だけでなく、共通の理解が深まっていく。そのためにも地域的な経済統合、そこまでいかなくても、そういうほうに向かっていくべきですし、これはＥＵみたいにはならないと思いますよ。

問題はいくつかの地域統合が重層的にできていくということですね。力量の問題やパンデミックがあったときには、やはり国を超えていろいろな連携を図らなければならない。例えば日本の場合、今自殺率が高いと言われていますが、韓国が実は日本を上回っています。十万人当たり二十四人が毎年亡くなっています。ある人から聞いたところによると、一九九八年から日本の自殺者は年間三万数千人と言われながら、実は十万人ではないかという説もあります。というのは亡くなられた方の中には、一ヵ月くらい病院その他で存命している場合があるわけです。まだ完全に事切れていないという状態です。それは警察発表の自殺にはカウントされない。例えば半年間、事実上人間としては生きていたが、ほとんど脳死状態ということがあり得るわけですが、それはカウントされていない。これは警察病院の医療関係者から間接的に聞いた話です。

十万人と聞けば、さすがに驚くでしょう。インドは農村部で自殺者が毎年十万人です。韓国も昨年だけで一万数千人が亡くなられました。こういう状態が日本は十二年も続いているわけですから、やはり雇用や経済不安、いろいろな問題があると思います。日本経済の収縮、そして通貨の乱高下によって下請けがうまくいかなくなる。地域経済が疲弊する。これにやはり歯止めをかけないといけません。

ウルグアイ・ラウンドのような、全てが自由貿易になるということは今できないならば、やはり域内貿易を活性化して、儲けたお金がドルの乱高下によって目減りするような状態を防ぐためにも統合は必要だと思います。それを大体東アジア、つまり私の言うアセアンとアニアン、これを併せて大体東アジアと考える。将来はこれにインドが加わるかもしれない。ニュージーランドやオーストラリアが入るかもしれません。さしあたりはアセアンとアニアン、そういうふうに考えています。

その中で、私は大国にはヘッドクォーター、中枢を置かないほうがいいと思います。ＥＵを見ても、フランスやイギリスやドイツに本部を置かず、ベルギーのブラッセルに集まっているわけですね。どうしてアメリカ合衆国に国連本部があるのかわかりません。国連をあそこから引き離して、沖縄に疎開させるといい（笑）。なんでニューヨークに国連があるんだろうと。おかしな話ですよね。やはり沖縄にあったほうがいいと思いますよ。そう考えると、沖縄にもある一つの本部を置くということはあり得ると思います。それからソウルもいいんじゃないかと。そういうふうにして、いくつかのヘッドクォーターを東アジア共同体に向けて、その中で沖縄がある役割を果たせればいいなあと、まあ夢物語かもしれませんけれども、そう思います。

緒方　次に、「今現在、国の財政は思わしくない状況ですが、もし今後三年以内に日本が財政破綻した場合、中国はどのような行動に出ると思いますか。また、そのとき、日本・沖縄はどのような道を取るべきだと思いますか」という質問です。

姜　日本が財政破綻するのかどうか、私にはわかりません。確かに地方と国に八百兆円以上の債務があるのだから大変な事態だと言っているわけですが、意見は分かれます。国債は今のところ九四〜九五パーセントを国内で一応償却している以上、大丈夫という人と、いや個人資産が千二百兆円ぐらいあるが、これを超えたときは危険ラインだと。まあいろいろ意見が分かれます。ただ日本が財政的に破綻するとは私には思えません。それなら、そもそも円高になりませんよ。円高になっているのは、ある程度、日本の国のファンダメンタリズムがいいという条件で、消去法であっても円にシフトしているわけですから。だからこれは財務省の策謀なのかどうか（笑）わかりませんけれども、いずれにせよ、そう短兵急に崩壊する、と言わないほうがいいんじゃないか。でも実情はそう簡単ではないだろうと思います。中国はどうするか。中国は日本が財政的に破綻することを望んでいるわけではないと思います。中国にとっても、日本は重要な貿易相手国ですから。だからウィン・ウィンの関係はつくれると思います。答えになっているでしょうか。

緒方　この辺で私から質問させていただきます。

一番最後に六者協議の話が出ていました。十年前からあって、この一部が実現して、今少し途絶しています。金大中さんの話が出ましたが、非常にリーダーの役割が大事だなと思いましたのは、たまたまアメリカ亡命中、ワシントンＤＣの隣りのメリーランド州のマンションまでお邪魔していろいろお話を聞いたことがあるんです。そのときに、「日本の経済は絶好調ですが、そういうお金を利用して、例えば漢字文化圏とか文化的なことに日本はもっとお金を出したらどうか」と金大中さんは言われました。私が日本のマスコミだということで（注・当時は文化放送勤務）、自分の意見として伝えてくれと（注・中国、台湾、韓国、日本の漢字が各国でバラバラに簡略化されている。共有の文化であるので、日本政府はこうした分野に金を使うべきではないか、と言われた）。これはあちこちでおっしゃっているらしいんですけれども、だいぶ普通の政治家とは違う方だと思ったのが一つ。
それから夢を持ち続ければ実現するんだなと思ったのは、例えば高校サッカー。南北朝鮮が一緒にやるなんてことは全く考えられなかった。それが実現している。それから姜先生がおっしゃった六者協議も、もちろん国際政治の情勢とかもろもろあるでしょうけれども、やはりしっかりとアニアンを実現させようと努力した人たちがいて、どうやらそれが実現している。ですから、例えば沖縄に東アジアの何か一つの本部を置く、例えば都留重人さんだとか、いろいろな方が昔からおっしゃっています。そういうトレンドにならないとは限らない。ならないとは限らないというか、そういうふうにしないといけないと思います。その辺のリーダーが半歩前に行っているようなこともおっしゃっています。繰り返しで恐縮ですけれども、例えば南北朝鮮の高校のサッカーの試合は絶対実現しないと思っていたけれど、実現する。南北の話し合いが実現するとは絶対思っていなかったけれど実現している。ということで振り返ったら、やはり進歩しているところがあるわけですよね。

姜　やはり韓国の民主化が大きかったと思います。一九七二年に南北赤十字会談があって、南北共同声明が七月四日に出ました。私はちょうど大学生で、みんなで本当に喜びました。統一は近いんじゃないか、と思った途端に、北朝鮮は粛清が始まって、金日成氏の個人崇拝が始まりました。韓国はいわゆる維新体制、大統領独裁制が始まったわけです。それは明らかに米中の接近による南北双方の危機感の表われでした。

ニクソンがキッシンジャーとともに周恩来、毛沢東と会う。そしてニクソン政権は在韓米軍を削減するということで、冷戦下の中で明らかにデタントへと向かおうとしていたわけですね。こういう流れは、南北対立にとっては非常にリスクの多い時代だったと思います。北も南も対立しておけば、なんとか体制が維持できる。結局、対ソ構造の中で、軍事力を担っている人たちはお互いに対立しながら、もっともお互いに利益を分け合っているわけです。「中国、危ない、危ない」と言っている日本の軍関係者と中国の軍関係者は、あるいはアメリカもそうですけれど、相互にもたれあっています。

そういう状況が南北であったんですが、今回は違います。一九八八年以降、完全に韓国は民主化されました。もちろん今もって北とどう向き合うかで対立はありますが、対立はありましたが、二〇〇〇年から始まった首脳会談の流れは完全には堰《せ》き止められないと思いますよ。今回の機雷による韓国の巡洋艦爆破事件（二〇一〇年三月）では北側に対して強い反発がありましたが、近いうちにアメリカと北朝鮮がどうやら接触を持つのではないかと思います。そう遠くない将来です。なぜならば、今のオバマ政権のもっとも重要な安全保障の補佐官が代わりました。この方はかつて北朝鮮との米朝交渉の責任者だった人です。

北朝鮮も一応、良い悪いは別にして「金王朝」の三代目が決まりました。これは北朝鮮にとっては生き残りをかけた、最後の体制固めが始まったわけです。もうそろそろ米朝が歩み寄る可能性は十分あると思います。李明博政権もあと二年もありません（任期は二〇一二年まで）から、自分の政権時代に南北首脳会談をやりたいと思っているはずです。それを見据えて北側は今、ある種の秋波をアメリカと韓国に送っています。今までのようなゼロサム・ゲームは南北ではもうできないと思います。とするならば、お互いを認め合って、そして一応三十八度線を維持したまま国家連合へと少しずつ向かっていくしか方法がないと思います。

金大中氏は三段階統一論、つまり二十年間は統一しなくていいと、二十年間は北と南はそれぞれ国家として自立して国家連合を形成する。そしてあと二十年かけて連邦制に移り、最終的に統一すればいい。四十年かかるだろうと。私はそれでいいと思うのです。それで人と人とが交流しあう。北側も私たちが考えている以上に、世界と交流がないわけではありません。

皆さんに聞きますが、北朝鮮と国交を結んでいる国がどのぐらいあると思いますか。日本にいると、北朝鮮は完全に孤立して国交がないんだろうと思っているかもしれませんが、ヨーロッパの目立った国でまだ国交がなくて、連絡事務所ぐらいがあるのはフランスだけです。ヨーロッパの主要国とは全て国交があります。東南アジアで北朝鮮と国交がない国を探すのは難しいくらいです。オーストラリアとも国交があります。日本とアメリカとは国交がないわけです。

ですからあの国がどんなに閉鎖的で、非常にアブノーマルで異常な体制のように見えても、早晩少しずつ変わっていかざるを得ません。私は、北と南の利害は少しずつ一致してくると思います。問題は核のトゲを外せるかどうかですね。私は六、七割は放棄するのではないかと思います。先ほど申し上げたように、核を持つ政策を最初から取るつもりなら、宣言はしません。秘密裏にプルトニウムを備蓄して、そしてそれこそ秘密裏にもっと技術改革を進めて、ある日突然、核保有国宣言をやるはずです。北朝鮮にとって核を持っているメリットはありません。それはアメリカに向き合うための手段としてはメリットがある。実際、そういうことを考えると、南北の接近は始まっていますし、これは計画的に進んでいくのではないかと、長い目で見ると楽観視しています。

緒方　それでは、糸数慶子さんにマイクをお渡しします。

糸数慶子（参議院議員）　皆さん、本当にお忙しいなか、たくさんの方がご参加いただきまして、ありがとうございました。実は開会する直前までお叱りをいただいておりまして、もっと大きな会場がなかったんですかと本当に多くの方に言われました。今日ここに集まっていただけた方はある意味とてもラッキーな方で、すごい競争率の中をお越しいただきまして、嬉しく思います。

実は私たち市民グループは沖縄大学と提携して、これまでいろいろな集まりやシンポジウムや講演をしてきました。姜尚中先生は、今とてもお忙しい方で、今日お越しになって、すぐま

第467回
沖縄の明
緒方 修
糸数慶子氏
姜尚中氏

たお帰りになる、という分刻みのスケジュールの中を私たちの要望に応えていただきましてありがとうございます。

先生が講演の中でお話をされましたので、改めて難しいお話をお聞きすることもないかなあと思ったんですが、まずお伺いしたいのは、沖縄の未来を拓く、というふうに考えたときに、沖縄で仲里効さんという方がやってらっしゃる『エッジ』という雑誌の第三号（一九九七年）で、姜先生が「沖縄と自治について」という文章を寄せていらっしゃるんですね。その中で、沖縄がかつて琉球政府としてセルフガバメントを経験しているという点に注目をしていらっしゃるわけです。沖縄から自治州へ発展していくということは、県民全員がとは言いませんけれど、結構そういう声が聞こえてきます。琉球独立とはちょっと違いますが、日本の国家に留まりながら、実態としては国家の中の一つの独立した単位として、沖縄が生き延びていく可能性を持っていると、先生はおっしゃっています。そういう先生の文章を読みまして、今の日本政府のやり方に対して、やはり違う、という思いを持っている方は多いと思うんですね。これがイコール独立論に傾く方もいらっしゃいますが、沖縄自治州という構想、この見通し、その点についてはどうなんでしょうか。

姜　基本的には沖縄の方々のコンセンサスがつくれるかどうかにかかっていると思います。考えてみると、今の日本の状況は日本列島をローラーにかけて、全てを均一のナショナル・スタンダードにした。それが主権ということです。それが実際に進んでいる変化にもう合わなくなっているわけですね。統計がまだないのでよくわかりませんが、たとえば確かに東京都はかなり物価が高いです。高いんですが、それでも沖縄県民一人あたりのGDPと東京の一人あたりのGDP、これはかなりの差が出てきていると思います。もちろん数字によってはカウントできない、いろいろな非経済的な要因で沖縄の方が幸せ度が高い、ということも当然ありうるわけですが、一人当たりの所得ということをなべて一つにできるかというとそうなっていない。これは一票の格差もそうです。それにもかかわらず一票の格差も放置されたまま、営々と続いています。建前は日本国憲法に基づいているわけですよね。一つの国民の下に一つの主権があって、そして均一な社会福祉も享受できる。ですから税制も財政も自治制度も全部、特別は認められないことになっているわけです。

詳しくは知らないのですが、例えば済州島は税源委譲が一度やられているんじゃないかと思います。韓国のような小さな国ですらも、日本のように全部均一にはなっていません。実際にソウルはソウル特別市と言い、市の中でも特別の市というふうに見られています。日本はこれだけの経済大国であるにもかかわらず、明治維新の廃藩置県以来、琉球処分があって、この日本一国の中で、全部単一、均一に問題を処理するということになっているわけです。もしそうならば、なぜ基地の七十パーセントがここ（沖縄）にあるのかと、本来説明できないはずです。

今自治州という言い方をされましたが、考えてみると緒方先生と私は九州の熊本ですから州です。九州という州になっているわけです。本州もそうです。北海道は道になっていて、四国は四国州にはなっていません。なぜ、州という言葉が前から付いていたのか。考えてみると、廃藩置県が起きる前からそういうまとまった意識がある程度あったんではないか。

東アジアの急激な変化の中で、よく言われる言葉ですが、今の日本はグローカリゼーション、グローバル化とローカリゼーションが一緒に進まないといけない。国は主権国家の下にガチガチになっている。一九八〇年代に国際化が流行《はや》りました。中曽根政権のときに、国際化ということが言われました。しかしあの時代はグローバリゼーションとは言っていなかった。今、なぜグローバリゼーションかと言うと、やはりローカリゼーションが進んでいるからですよね。地方、地域が大幅に変わってきているんです。

だから福岡は釜山と超交易経済圏構想の協定を結びました。そして韓国の南側と九州のかなりの部分をくっつけようと。あそこにドーバー海峡と同じように海底トンネルを掘るという構想が韓国側からも出ています。ドーバー海峡は約六十キロぐらいでしょうか。対馬を通って、韓国と九州が結びつく。九州新幹線が来年から開通します。そうすると鹿児島から博多まで一時間半くらいで行くんじゃないでしょうか。熊本から博多まで数十分です。韓国では、ソウルから釜山まで全面開通しましたので三時間くらいでしょうか。ヴィークル（乗り物）で三時間もかかりません。そうするとソウルを朝早く出れば、飛行機に乗らなくても鹿児島には午後につく。九州から釜山だったら目と鼻の先です。

こう考えると、東京だけを見て、そして東京直轄地のような形で九州がいろいろ補助金、交付金を与えられる。そして官公庁の出先機関があって、というようなことはもうやめたらいいのではないか。これは沖縄にも当てはまることだと思います。それが私の「特区」ということです。

州と区の区分けというのは、なかなか難しくて、例えば中国であれば、延辺自治州というのがあります。ここに朝鮮族がいますね。この場合には事実上、違う民族がいて、違う言語、つまり漢語、中国語、北京語とは違う、朝鮮語を教わっています。ですからバイリンガルですね。この地域に住んでいる人は、昔から満州国があったわけですから、そこに移住した朝鮮族の人がたくさんおり、日本語をよくしゃべるんです。僕のところに来る、朝鮮族の中国人は日本語ができ、中国語ができ、韓国語ができ、そして英語もまあまあできます。今、韓国語ができる日本人はたくさんいます。日本語ができる韓国人もたくさんいます。しかし日中韓、トリリンガルというか、三つできる人はなかなかいません。そういう人たちが州を形成しています。

沖縄でも沖縄のウチナーグチというものを一つの言語的な体系にまとめて、これを日本語とバイリンガルにする、これはありうることです。インドネシアにある小さな島でハングルを自分たちの国語にしようという動きがあります。その島は、実はオーラルはありますが、文字言語がない。だからハングルという比較的合理的な言語を自分たちのナショナルランゲージにしようと。沖縄でもウチナーグチを言語体系として復活させる、それも独自のバイリンガルとして学校教育の中にセットする、これも文化政策の一つですね。そういうような州にふさわしいものを沖縄が内側からつくっていこうということであれば、これは不可能ではないのではないでしょうか。まさかそれができて、ロシアのチェチェンみたいになることはないでしょう、民族独立運動とは違うんですから。

九州は確実にそれに向けて動いています。九州の財界はもう東京はいい、と言っているわけです。九州の経済同友会は来年（平成二十三年）の一月か二月、僕みたいな人間を呼ぶようになりました。そして九州で韓国、中国、台湾を相手にした九州の未来を考える。九州は今、人口が一千数百万人ぐらいでしょうか。ところが博多一つとっても、北九州一つとっても、百三十万人ぐらいしかいないんです。ところが東アジアは数百万都市がざらにあるわけです。釜山だって四百万人ぐらいいます。すると一つの都市では対応できないんです。だから九州をメインにして、そこで新幹線、高速もつくって、そして九州の一千数百万がまとまれば、シャンハイ（上海）、ベイジン（北京）、ソウルとも対応できる。そういうことを考えています。ですから沖縄も今後、特区ということは十分ありうるのではないかと思います。

緒方　ここにいらっしゃる方は「朝まで生テレビ！」とか「日曜美術館」、それから本でいうと『悩む力』とか『オモニ』『在日』の著者としてもおなじみです。あえて国際政治学者にふさわしくない質問をいくつかします。高校時代はどういう活動をしていたのですか。今、奥さんはどうしているのですか。プライベートな質問は、普通の講演会では出ませんけれど、よろしくお願いします。

姜　私は小心者で野球ばっかりやっていたんです。母親が「野球やれば在日の人間でも飯が食えるんじゃないか、大学出ても職がないだろう」というので、野球ばっかりやっていました。さっき緒方先生がおっしゃったように、私の高校（熊本県立済々黌高校）は私が小学生のときに選抜で全国制覇しました。城戸という投手がいて、それが王さんの早稲田実業と争った。でも高校入って、結局自分はダメだ、と高校二年ぐらいにやめました。それは九回のツーアウト満塁で、俺の番が来い、と言える人間ではないんです。皆さん、どうでしょうか（笑）。絶対自分のところに来てほしくないと思ったんです。九回ツーアウト満塁、三対二で負けていて、あと一点取れれば勝てると。そのときにバッターボックス来いという人と、絶対避けたいという人と二つのタイプがいる。前者だったら、野球選手になれるだけの胆力がある人です。私はダメなんですよ。やっぱり逃げたい。それから、自分の出自にも悩むようになり、段々引きこもり状態になりました。高校二年の終わりから三年の始めは非常にグルーミーでした。ですから野球ができなくなって、自分の人生が少し変わりましたね。

母親には、「お前、東大の先生なのに電気一つ直せないじゃないか」と言われます。電気がつかなかったので「直して」と言われたのですが、直せないのですよ。そう言って馬鹿にされました。亡くなる寸前まで、やっぱり野球選手になっておけばよかった、と言われましたけれど、結局、母親の期待を担って果たせなかったというのは、私にとっては大きな挫折でした。だからどちらかというと高校時代はあまり面白くなかった。

今の奥さんは、故あって一緒になりました。知り合って三十年以上続いています。これからも一応続くと思いますけれど、夫婦というのはいろいろあります。ありますけれど、これは漱石が、まああの人はちょっとひどい人で、奥さんとはかなりいろいろありました。「灰の中の残り火」という表現を使っています。やはり年をとっても、灰の中の残り火だからこそ熱があるんです。燃え盛っているよりももっと熱があるんです。そういうものかなと思います。

糸数　少し補足させてください。先生はすごく謙遜されていますけれど、奥様の宮本万里子さんはとても素敵な方で、テレビに出られたこともあるんですけれど、本の中でも紹介されています。ソウル大学に留学されて、素敵な女性であるということを私から補足させていただきたいと思います。

緒方　すみません。もう一言、ぐさりと刺すような質問をいたします。

『母―オモニ』はほとんど実話だと思いますけれども、実は、私と一緒に仕事をしている仲宗根さんは二人の子のお母さんですけれど、ご主人は韓国人です。この本を読みまして、「あっ、男の子ってそれほど母親を思ってくれるんだなあ」と非常に安心したと言っていました。「これは熊本だからですか」と言っていたんですけれども、そうでもない。お母さんは字も書けないと。要するに韓国の言葉と熊本弁を話し、しかも子ども時代、下関から来たおばさんがお祈りするのがとてもいやだったという話が出てきます。そういう感情が逆転してと言いましょうか。母親へ対する思い、それが非常に強い力だったのかなと思うのですが、すみません、国際政治学者に対する質問では全くありません。ほとんど外れた質問で恐縮なんですけれども、よろしくお願いします。

姜　まあ六十になって、マザコン男の母へのオマージュなんていうのは、僕も嫌ですからね(笑)。マザコンで書いたわけではありません。やっぱり人は、母親、父親は選べないし、それから時代も選べない。あの時代に生きた人たちがもう鬼籍に入って、誰もいなくなって、この間熊本に帰ったら、僕の家もバイパスが通ってコンクリートの下でした。そうすると生きた証拠がどこにもない。

ソフトバンクの孫正義さんは佐賀の在日で、僕より五つぐらい下なんですけれども、僕の書いた本を読んで、ぜひ会いたいと連絡が来ました。「いや、姜さん、実はこの本を泣きながら読んだ」と。「自分のおばあちゃん、母親と同じだ」と。いろいろ聞いたら、実は彼は住所不定だったんですね。在日の人は、沖縄にちょっと似ていますよ。銃剣とブルドーザーで自分の土地を奪われて、仕方なくどこかに住まないといけないわけですからね。在日の人は住所不定でした。そうすると公としてはそれを認定して、市の歴史とか県の歴史にそういう人たちがいた、ということは書けないんです。これは孫さんもそう言っていました。

私としては母親にスポットを当てていますけれども、あの時代を生きた人が熊本にいた、ということを残しておきたかったんですね。歴史は皮肉なもので、もう事実としてなくなっているわけですよ。それがフィクションで、物語の中で生き残ってくれればいいというつもりで、私はあれを書きました。だからなるほど母親が中心なんですが、僕が今勤めている東大を出て憲兵になって、向こうで弁護士になったおじさんの話とか、血が繋がっていないおじさんの話とか。周辺のいろいろな人物を、実在の人物ですけれども、虚構も交えて書きました。

「ショーシャンクの空に」という映画を見られた方がいたら、ちょっと手を挙げていただけますか。あっ結構いますね。フリーマンですかね、黒人の主人公が、前に刑務所を恩赦で出た人が自殺しているでしょ、その人が天井だったかどこかに自分の存在を刻み込みますよね。あれですよ。やっぱり彼はあのときに、自分はここにいる、ということをあそこに刻み込んだと思うんです。それができなかった人たちがいて、できないならば僕がやるしかないんだ、というつもりで『オモニ』を書きました。

それからあえて言わせていただくと、母親は八十で亡くなりましたが非常に幸せだったと思います。そう言っていました。「自分は幸せばい」と。それは私にとっては非常に朗報で、というのは結局、私のテーマは「和解」ということだったんです。つまり自分の人生を認めて、これと和解することで最後に息を引き取る、ということでしたので、それが日本と朝鮮半島の和解の一つのアイロニーというか、寓話的な意味を僕なりに持たせたつもりなんですけれど、そういうかたちで読まない人も多いと思う。つまり今、和解をしたと。虚構の中ですけれど、まあ母親の中でも和解したと思います。これを現実政治でしっかりやっていくのが、残された人のテーマなんだという、そういう意味があったんですね。そういうふうに読んでいない人が多い（笑）。

緒方　時間が過ぎているので、この辺で……。

姜　でも糸数さんは、まだ質問があるんじゃないんですか。

糸数　質問はたくさんあるんですけれど、またぜひ沖縄に来ていただくということでこの次に宿題ということで。一つ申し上げたいのは、『オモニ』のお話の中で、歴史的に朝鮮と、そして日本の中での沖縄の宿命はとても似たところがある、ということは会場にいらっしゃる方、感じていらっしゃると思います。ですからお母さんのそのご苦労されたことが、戦後、沖縄の方々が苦労したことに随分重なると私は読んで思いました。お兄さんを亡くされたときのお母さんのあの状態ですとか。それは沖縄戦で沖縄の人たちが随分味わってきているところだと思うんですよね。亡くなった子どもの死を認めることができなかった母親の苦しみというのは、戦争が終わってすぐのころ、あるいは戦争中、時代の背景というのはちょっと違うかもしれませんけれど、母親の息子を思う気持ち、子どもを産んだ人の立場に立てばきっと共通するんだろうなという、そんな思いを込めて読ませていただきました。

もう一つ、明治のころに琉球人と朝鮮人が大阪で開かれた政府主催の勧業博覧会で見世物にされた事件を元にした『人類館』という戯曲があります。知念正真さんという方がつくった、岸田國士戯曲賞を受賞された素晴らしい沖縄の演劇です。そういう時代を経て、今私たちが住んでいるこの沖縄の中で、朝鮮に対する思いというのは他の地域とはちょっと違うと思うんです。今日お昼をいただきながら、いろいろ話をしたなかで、沖縄の人たちはお隣の朝鮮からいろいろな技術を学んでいます。瓦の焼き方一つにしても、文字にしても、いろいろなかたちでその交流は昔からあったということを考えていくと、沖縄は先生が提案されたように、アジアに開かれた、決して基地の要ではない、もっと文化を中心とした結節点として、日本の中の窓口になっていくべきではないかなあというふうに私は感じました。

もう一つは、先生が済州島の話をされましたけれど、済州島が今自治州として自治権を確立しているのは、実は沖縄に学んでいるという事実もあります。沖縄にあった、沖縄の自治州の構想をかなり前に沖縄に来て、学んで、それを沖縄より先に実践している地域なんですね。ですから逆に沖縄の人たちがまたこれから韓国に学ぶことはいっぱいあるなあと思いました。

ぜひ今度は千名規模の会場で先生のお話を伺いたいと思います。今日は本当にありがとうございました。

沖縄の明日を拓く

平成二十三年八月二十七日
糸数慶子議員生活二十周年記念講演会
パシフィックホテル沖縄にて

今日は糸数先生の議員生活二十周年記念ということでお招きいただきました。沖縄から、女性として二十周年を迎える議員というのはご苦労が多かったのではないかと思います。

ご夫妻の夫唱婦随、そしてお二人でよく喧嘩もされると聞きましたけれど、そうでなければ女性として沖縄で国会活動を続けられるのはなかなか難しかったことだと思います。私の母も「これからは男も女もなかけん。女も男と同じくらいになれる時代が来るばい」とよく言っていましたので、糸数さんを見て本当にそう思います。

熊本と沖縄、朝鮮半島の因縁

なぜ私が熊本で生まれたかというと、熊本には九州最強の第六師団がありました。これは西南戦争で熊本鎮台が薩軍に対する最大の守りだということで、最終的にはここに第六師団が置かれました。広島と並ぶ軍都だったわけですね。熊本にも原子爆弾が落ちるんじゃないかと言われていたという話も聞いたことがあります。長崎には言うまでもなく、佐世保に三菱がありましたが、実は熊本にも三菱がありました。これは名古屋の三菱重工業の出張所という形で、戦闘機をつくっていました。

熊本市内からちょっと離れたところに水前寺というところがあり、その近くに健軍というところがあります。私の父親の弟は日本の有名大学の法学部を出て、本当に不幸なことに、そこで憲兵をしていました。戦争の末期に朝鮮半島の出身者も憲兵になる道が開かれました。おそらく戦闘が激化して、日本国内に男子がかなり少なくなったという頃で、兵力を補充するために、叔父にも憲兵になる道が開かれたのでしょう。日本が敗戦を迎える年の初めで、熊本が赴任地でした。

私の父親と母親は、東京の三菱重工業の戦闘機をつくるところで働いていました。そして東京大空襲があったので名古屋に疎開しました。名古屋の三菱重工業で今度は名古屋大空襲がありました。そのときに長男を亡くし、自分の国に帰ろうということになりました。父親の弟にも一緒に帰ろうと勧めようと思って熊本駅に下りたところ、ほどなくして日本が八月十五日を迎える。

叔父は、八月十五日に割腹自殺をして死のうと考えていたみたいです。やはり同胞の人たちから白い目で見られざるを得ないようなことをしていたわけですし、またおそらくは日本からも余計者扱いにされて、行き場所がなかったと思うんですね。

熊本駅の近くに花岡山という山があります。ここは同志社大学の結成に関わった熊本バンドの発祥の地で、その横に万日山という山があり、そこに防空壕がたくさんありました。三菱はそのとき熊本県で「秋水」という戦闘機をつくっていました。調べてみてびっくりしたのですが、大戦末期、ドイツのVロケットがロンドンを襲うということで、イギリス国民がパニックになりました。そのドイツからVロケットのエンジンとエネルギー、いろいろな設計図を手に入れて、熊本で試作品をつくっていたのです。

結局戦争に負けて、一度も飛ぶことはなかったわけですが、その問題で、叔父がそこに赴任したかどうかはわかりませんが、いずれにせよ三菱重工業が戦闘機をつくる工場を万日山の一部に移設した関係で叔父は防空壕をよく知っていましたので、そこに逃れたということです。

その後、敗戦になりました。熊本市内は沖縄からの方々が多く、在日の人もかなり多かったのです。あと台湾からの引揚者も多く、いろいろ調べてみましたら、熊本駅近くの、昔でいう闇市に在日の方、沖縄の方、そして台湾からの方、いろいろな方々が身を寄せ合って生活をしているということもよくわかってきました。従って、ある意味では私は沖縄との関係は深いのかなあと思います。私の来歴を自分で調べてみて、初めて戦争の歴史の深さというものを思い知らされました。

叔父は日本の方と結婚して一児をもうけたのですが、国に帰ろうということで単身、漁船に乗って非合法で国に帰ったと聞いています。国に帰りましたら、朝鮮戦争が一九五〇年六月二十五日に起きて、日本に帰れなくなりました。彼は海軍の法務参謀になって戦い、そしてその後は有名な弁護士になりました。ソウルでとても羽振りのいい弁護士に変身していました。そ

糸数慶子議員活動20周年記念講演会
姜 尚中 氏 「沖縄の明日を拓く」
PACIFIC HOTEL

して向こうで金持ちの奥さんを娶って、子どもを五人もうけました。一九七〇年の大阪万博のときに、自分が捨てた妻子を探すために、日本に二十五年ぶりに帰ってきました。私も探したのですが、どこにいるかわかりませんでした。そういう来歴があります。

ある意味において、熊本で私が生まれたというのは、いろいろな因縁があるのかなあと最近つくづく感じるときがあります。そういう点で、沖縄と朝鮮半島の歴史が、いつも何か二重写しになっています。沖縄が辿った歴史、朝鮮半島が辿った歴史、これはどこか重なり合う面があります。そういうことがあって、沖縄との関係も深いところがあるのかなあと思います。

震災、原発事故と日本近代史の古層

今日は「沖縄の明日を拓く」という演題なのですが、だいそれた話はできませんが、まず私が申し上げたいことは、朝鮮半島の平和・繁栄、これはまた沖縄の平和・繁栄と結びついているということだと思います。半島が不穏になり、戦争になれば必ず沖縄もその被害を蒙《こうむ》ってきましたし、また逆であれば、その果実を沖縄もまた摘み取ることができる。そういう点では沖縄と朝鮮半島の歴史・歩みというものは、いつもシンクロしているというか、共鳴しあっていると思います。

最近では、韓国の市民運動家たちは、沖縄の歴史に非常に興味をいだいて、沖縄を訪れる人も増えていると聞いていますし、また逆に沖縄から韓国に行かれることも前より増えたのではないかと思います。そういう因縁のある沖縄の島と半島の歴史です。

敗戦から六十数年経って、今回、東北地方であるいは福島で、大きな大きな事件が起きました。現在、事態はまだ深刻な状態が続いています。私は今、千葉県に住んでいますが、私の住んでいる場所はホット・スポットになって、放射線量が非常に高いと言われています。私も三月二十八日から三日間、福島県南相馬市に入りました。南相馬市は原発から二十キロ圏内に入っている地域もあり、瓦礫の山で大変な状況です。五月にもう一回福島に入り、二十キロの警戒区域ぎりぎりまで入りました。

日本の近代史というのは重層的です。東北はご案内のとおり5・15事件や2・26事件をはじめとして、さまざまな青年将校を生み出す舞台でした。同時に東北地方は日本の明治維新においてはある意味において、沖縄に近いような内陸の植民地化を蒙った地域でもあります。奥羽越列藩同盟をはじめとして会津は徹底して薩長土肥の明治政府に楯《たて》を突きました。その結果、東北地方、特に福島は冷遇されました。薩摩、長州、土佐、そして私の生まれた肥後、あるいは肥前、この大体五つぐらいが明治国家の中心的な勢力でした。

江戸時代にどちらかというと外様であった地域が、天皇を担いで官軍という名の下において佐幕、つまり幕藩体制をひっくり返す、これが明治国家です。ある意味において、東北地方は九州や長州、土佐の、ありていに言えば植民地だったと思います。ですから熊本生まれの方が、現在の小沢一郎氏もいる岩手県水沢あたりの、昔でいう県令になっています。つまり、明治国家が派遣した提督のようなものですね。

ですから明治国家以来、実は東北地方には九州の勢力がかなり根強い。あの松本龍さん（前復興担当相、福岡出身）のような発言がなぜ出てきたか、よくわかります。九州から見て、福島をはじめとする東北は非常に遠い地域であり、またある意味において、上から目線で見られる地域だったわけです。

しかし、東北地方からある意味において、日本の軍国主義の新しい世代が出てきましたし、東北地方からは植民地に向かう人々が非常に多かったということも事実です。後藤新平も出身は岩手水沢ですよ。すぐ近くに斎藤實がいた。この人は朝鮮総督で、文化政治を敷いたと言われている。まあ二人は竹馬の友ですね。台湾と朝鮮半島、植民地の最高責任者でもあります。いわば日本国内で植民地化された側がいち早く今度は外の植民地に向かうという、そういう重層的な構造があるわけです。

そして戦後は、福島をはじめとして今度は電力の供給地となった。基地と原発は根本的には違いますけれども、構造的には似通った面があります。なぜ福島が東京電力の原発電力の供給地であったのか。常磐炭田など、あの地域は炭鉱の時代から日本のエネルギー産業を支えていましたし、ここには朝鮮半島から連れて来られた労働者がたくさんいました。そういう土台の上で、戦後原発があそこにつくられていくという歴史があるわけです。

歴史というものは、そう簡単になくなるものではありません。歴史の様々な層の中に埋もれていきながら、新しい歴史がつくられ、過去の時代は、あたかも死んだかのように思われているわけですが、決してそうではありません。

そしてまた、東北は日本の高度成長の労働力の最大の供給地でもありました。一九六〇年代だったと思いますが、永山則夫という人物が連続殺人事件を犯しました。これは、本当に飯が食えない東北地方の若者の痛切な歴史的体験というのが背景にあります。こういう中で、今回震災が起き、そして原発事故が起きた。日本の近代史の決して忘れることのできない古層というものが新しい層ときしみあいながら、今現れてきている、というのが正直な感想です。

実際に南相馬に行くと、何で東北はこんなに東京の犠牲にならないといけないんだ、ということを皆さんがしみじみ語っておられました。我々は東北電力を使っている。東京の電力を支えるために、東京電力が原発をここにおいて、その結果としてこういう事態になったんだと、皆さん異口同音におっしゃっていました。今、行方不明者が一万人近くになろうとしています。津波で約八千人から一万人近くが一挙に亡くなりました。南相馬は、恐らく今後誰も入れない地域になる可能性もあると思います。

日中韓の原発は約百基にもなる

七月十八日、東京大学の現代韓国研究センターで、「東アジア安全共同体」というシンポジウムがありました。韓国には今二十一基の原発があります。これは大体南の方に集中しています。なぜかというと、三十八度線があってソウルが近いですから、できる限り、ソウルから離れた場所に原子力発電所をつくりました。しかし釜山に非常に近いのです。この間、コリ（古里）原発の電力がショートし、冷却設備が動かなくなった。福島型原発と同じように、耐用年数はもう三十年近くです。福島のような原発事故が起きるんではないか、と住民は非常に不安になり、今、住民訴訟が起きており、この原発の再稼動について差し止め請求が行われています。

韓国は日本と違い、この二十一基の原発は韓国電力公社という一公社が管理しています。日本は九社体制をとっています。これは話すと長くなるのですが、なぜ日本は国家の管理ではなくて民間の九社が国策民営化というかたちでの電力体制を取ったのか。この歴史も今後の日本を考えていくときに非常に重たいテーマです。今日は時間がないので、それについては申し上げられませんが、中国で今、韓国を望む沿岸部に十数基の原発が建設中です。今、韓国で二十一基、日本で五十数基あります。従って日中韓だけで、約百基近くの原発が今後つくられることになります。もし福島型原発と同じような事故が起きた場合、どうなるのか。これが沖縄にどれだけの影響があるかはわかりませんが、九州は壊滅的な打撃を被ると思います。大体名古屋くらいまで黄砂が飛んできますから、放射性物質が今度は黄砂を通じて、朝鮮半島から西日本まで飛来する。これは大変なことです。

我々は原子力発電所をやめるやめないは別にして、早く原子力の安全管理、事故が起きた場合の早期の救済措置、情報の公開、核物質の安全管理、原子力ですからね。そしてさまざまな情報の交流をしなければいけない、ということで、初めて韓国から原子力関係の専門家を呼びました。そして日本の専門家と一緒になって議論をいたしました。そのときにベラルーシ科学アカデミーの主任研究員であるマルコという人を呼びました。彼は恐らく、チェルノブイリについてのデータを世界で一番持っている人です。世界ナンバー1のエキスパートでもあります。彼に一日福島に入ってもらい、福島を検分して、どうなるか、ということを話していただきました。

今、チェルノブイリは半径三十キロ以内は誰も数十年にわたって入れない場所になっていると思いますが、福島もたぶんそうなるのではないか。広島型の放射性物質の約一六七、八倍が外側に放出されたと言われていますから、福島がどうなるか、というのは大体想像がつきます。こういう状況に今日本があるということは、私の歴史の中でも、また皆さんも初めての経験ではないかと思います。また韓国も驚いています。日本がまさかこんなふうになるとは、と。こういう中で、政治はかなり機能不全状態に陥っていましたし、今も民主党の代表選を巡ってさまざまな鍔迫《つば》り合いが演じられています。

歴史は簡単には繰り返さないが……

沖縄の明日をどう考えるか、ということは日本の明日をどう考えるか、ということと密接不可分です。と同時に、沖縄を取り巻く朝鮮半島やこの東アジアの地域がどうなるかということともまた不可分です。沖縄の中の一人ひとりのかけがえのない生活、未来、これを考えていくときに、また同時にもっと大きな状況の変化を考えざるを得ません。沖縄は地政学的にもそのようなさまざまな力がせめぎあう場所でもあり、朝鮮半島もまさしくそうなのです。

日本の歴史を振り返っていきますと、関東大震災が一九二三年に起きました。大正から昭和にちょうど代わっていく時期でした。それから数年経って、昭和恐慌が起きました。当時は政友会と民政党、二大政党制でした。そして金解禁で日本経済は大打撃を受けました。ウォール街で一九二九年に大恐慌が起きました。一九二八年には張作霖の爆殺事件があり、日本は満州事変を一九三一年に起こします。日本は活路を求めて、中国へと進出していくわけですね。と同時に五・一五事件、あるいはさまざまなテロ、そして青年将校の決起ということが起きていくわけです。

朝鮮半島は一九二〇年代から、かなり厳しい状況下に置かれていきます。金大中氏が生まれたのが、大体そのぐらいの時期です。今般、金大中氏は、彼の一九二四年からの歴史を綴った分厚い二巻に及ぶ編年体の自伝を出されました。彼はその中で二〇年代は非常に厳しかったと。自分の国の言葉をしゃべれなくなった。金大中氏のお父さんがたまさか小学校に来て、学校で金大中氏を当時の韓国語で、ハングルで呼ぼうとしたら、回りからすごい剣幕でそれを遮断されて、親子の間で母語で話ができなかったと自伝の中で書かれています。二〇年代の終わりぐらいから日本は大きく変わっていくわけです。言うまでもなく、その歴史が一九四五年まで続いていきますし、沖縄では沖縄戦、そして広島、長崎、八月十五日となっていくわけです。

歴史は簡単には繰り返さないと思います。しかし、あまりにも似た点があります。震災が起きた。そして今、アメリカ経済の大打撃、そしてアメリカのドルが非常に危険な状況になるかもしれないという憶測も飛び、国の債務問題で格付けが下がりましたし、日本もまたワンランク下がりました。欧州においては金融危機が今もくすぶっています。そしてもう一回二番底の不景気が起きるんではないかと巷間言われています。超円高の中で、株式市場が不安定になり、日本の国債の格下げが起こる。これは金解禁で日本経済が打撃を受けた状況と比較的似通っています。こういうなかで二大政党制、政友会、民政党の間で対立が起き、そして政党不信が高まり、やがて第三勢力としての軍部が台頭してくるわけですね。私はそう簡単には歴史は繰り返さないと思います。曲がりなりにも、自衛隊はシビリアン・コントロールの下にありますし、東アジアの状況は当時とはまるっきり違います。また日本には憲法第九条もあり、そして一応民主主義的なルールや手続きもある。そして市民の意識も非常に高い。

国民は今の政治にイエローカードを突きつけている

しかしながら、政党政治から不幸な軍国主義へと移り変わる、最初の犠牲者が首相であった浜口雄幸という人です。東京駅で暴漢に襲われ、やがて亡くなってしまうわけですが、浜口雄幸が書いたある文章の中に、こういうくだりがあります。「国民は議会制民主主義と政党政治に飽き飽きしている。呆れている。冷淡である。そして同時にこれを嫌悪している。そして政党政治を憎んでいる」と書いているんですね。

今の状況と比べてどうでしょうか。何のための政権交代だったのか。政権交代は混乱から混乱にいたる茨《しばら》の道であったのかどうか。多くの国民は呆れていると思います。福島でも、政治家の名前を聞いただけで、おとなしい福島の方々が形相を変えて、怒りをあらわにしていました。自分たちは見捨てられていると。開口一番、これが多くの人々の異口同音の声でもありました。

また一般の市民も呆れています。そして多くの国民、有権者は、落胆することを通り越して、今の政治家や政党に対して、もうイエローカードを突きつけたい、こういう気持ちでいっぱいなのではないかと思います。こういう中で四代にわたる代表戦を民主党内部でコップの中の嵐のようにやろうとしているわけですね。残念ながらこれが今の日本の政治の状況ですよ。本来ならば与野党がなんらかのかたちで協力しあいながら、復興支援のためのさまざまな応急措置を取らなければいけないにもかかわらず、本当にスローテンポで、さまざまなサボタージュがあって、一向に問題解決が先に進みませんでした。

韓国でも驚いています。日本はもっとも効率的な国ではないか。組織がしっかりしているのではないか。何かがあると、みんな一丸となるのではないか。良い面も悪い面もあるけれど、日本はそういう国だと思っていた。福島の人々が、あるいは東北の人々が我々に示してくれた、あのような粛々とした、我々が感銘を受けるような一般の住民の態度、これで我々も日本を見る目が変わったと。それで韓国では、テレビでもメディアでも募金を募る一大国民運動が起きました。これは有史以来初めてのことです。日本を救うということに関して、こんなにまで韓国の人々が関心を示したことは今までありませんでした。

しかし一方で、遅々として進まない政治の状況を見て、韓国の人も驚くぐらいに、日本の国民が政治に対して、浜口雄幸と同じように慨嘆ぶりを至るところで聞く機会が多い。こういう中で民主党の代表が決まるでしょう。一体日本の政治はどこに向いていくのか。そして普天間、沖縄の基地の問題を新しい政権はどう考えるのか。一向にそのサインが見えてきません。むしろ永田町だけの数合わせの政治が行われているというのが私の実感です。

戦前であれば第三勢力が出てきたかもしれません。でもその可能性はありません。しかし一方で、地方自治体から第三勢力が出てこようとする動きもあります。大阪、名古屋、あるいは横浜等々から維新の会や、あるいは議会の中で、市長や県知事の大きな勢力を代弁する政党が執行権力をできるかぎり強くするために、一大旋風を巻き起こそうという動きもあります。これは今後どうなるかわかりません。

ただいずれにせよ、今の日本の政治は非常にあやういところにあるのではないか、というのは私自身の個人的な考えです。そういう意味で無所属とはいえ、糸数慶子さんの果たす役割というのは非常に大きいと思いますし、今後、そういう立場から沖縄について、いろいろ発言し、いろいろなことをやっていただきたいと思います。

ではどうしたらいいのか。どういうかたちで明日を拓いたらいいのか。これは非常に困難なことかもしれません。しかし、沖縄を取り巻く環境が少しずつ変わっていけば、沖縄が変わっていける少なくとも外堀が埋まっていくのではないかというのも、否定できない事実だと思います。

朝鮮半島も日本もアメリカも大きく変わる

私は北朝鮮の危機が起きたときにもいろいろなものを書き、また発言もしました。メディアの中では北朝鮮のシンパとまで批判されました。全くそうではありません。学生時代、私は韓国学生同盟におりました。我々は反共だと。我々は共産主義に反対する。反対するけれども、自由と民主主義を守るんだ。韓国の民主化を達成しなければ自分たちの分断された国はいい社会にならない。これを口すっぱく先輩たちから言われて、私は韓国学生同盟に入りました。

あの当時、台湾と韓国を支持するのは時代遅れの人だとみなされていました。私たちの一番親しかった仲間は台湾に帰りました。中国と台湾を比べて、みんな中国の文化大革命は素晴らしい、毛沢東が素晴らしい、という時代でした。そのときに台湾のことを支持すると、これはもう時代遅れの、ごりごりの右翼と見られていました。私も、韓国の立場に立つと言うと、なかなか皆さんの了解を得られませんでした。これは私の一貫して変わることのない立場ですが、それでも戦争だけは避けたい。

北朝鮮の問題を解決するときに、イラクと同じようなことを北朝鮮にやったらどうなるのか。これは沖縄も大変な状況に立たされていきます。ですから二〇〇〇年六月の金大中氏のピョンヤン（平壌）への訪問を私は熱烈に支持しました。南北の和解を進める。そして戦争以外の手段で南北関係の共存を図り、十年、二十年かけて徐々に徐々に統一へと持っていく。これが金大中氏の大きなグランド・デザインでした。

彼がいつも私におっしゃっていたのは、朝鮮半島に有事が起きれば東アジアはただでは済まない。これは必ず日本の周辺部に大きな波動となって悲劇的な結果をもたらす。自分は五十年かかって北朝鮮との融和を考えた。北朝鮮を支持するのではない。北朝鮮を、冷戦崩壊以後の大きな世界史の流れに抱き込んでいく。北朝鮮を遠ざけるのではなくて、彼らに改革、解放の道を歩むことが自分たちの実となるんだ、ということをわからせる。そのために三十年かかった、三段階統一論というものを彼は持論として持っていました。そして最終的には米軍を朝鮮半島に置くとしても、米軍の役割を少しずつ減らしていく。こういうようなことを彼は考え、二〇〇〇年六月に彼はピョンヤンに行きました。私は、これが東アジアの状況を大きく変えていくのではないかと思いました。

あれから十年近く経って、東アジアの状況はイラク戦争、湾岸戦争、さまざまなしこりがあり、中国の台頭もあり、いい方向には向かっていなかったということは、皆さんご存じのとおりです。しかし、新しい変化が起きました。二〇一二年は韓国では大統領選挙があります。北朝鮮は「強盛大国の大門を開く」というスローガンだけは華々しいんですが、今食糧危機で困っていると思います。そして中国の首脳部も変わっていきました。日本は総選挙があります。アメリカ大統領選挙もあります。大きな変化が起きるんです。

それがいい方向に向かっていくのか、違う方向に向かっていくのか、私にはわかりません。しかし韓国では間違いなく、対北朝鮮との関係をもう少し共存の関係に向かわしめていくべきだという動きが出ています。ですから来年の選挙は韓国では新しい風が吹く可能性も十分にあり得ますし、南北融和に向かおうという動きが少しずつ台頭してきていることは否定できない事実です。今般、与党ハンナラ党の地方選挙は全部敗北しているんです。そして皆さん知らないかもしれませんが、ソウル市長が辞任することになりました。この市長はハンナラ党、与党のダークホースと言われた人ですが、これも今の与党には大きな打撃になっています。選挙で少しずつ少しずつ、今の与党、大統領に対する批判票が増えていきつつあります。経済は成功したかもしれないけれども、格差が広がりました。韓国の中にはいろいろな問題があり、日本と同じように社会の歪みというものが非常に大きく膨らんでいることは事実です。

金大中氏は亡くなる前に、それを少しでも是正したい。そして北朝鮮と融和を成し遂げなければ平和な韓国は来ない。そして日本との関係を深めたい。日韓で本当の意味でパートナーシップをつくる。そして、中国と対立するのではなく、中国の強行勢力が台頭しないように我々は対応政策を敷かなければならない。単純に言えばそれが彼の政策でした。私はそれは正しいと思います。

世界経済の危機が沖縄・朝鮮半島にどう影響するか

ブッシュ政権になって、世界は大きく対決姿勢へと向かい、金大中氏の政策は途中で挫折しました。しかしあれからどうでしょうか。アメリカの衰退は加速度的に進んでいます。私たちは今大きな目で見れば、戦後なかった変革期にいると思います。アメリカの国債の格付けが下がる、ということは誰も信じられませんでした。そしてこのまま第三段階の量的緩和政策を取れば、垂れ流されたドルが世界中に広がります。インフレが起きるかもしれません。そして新興諸国において、ヘッジファンドをはじめとするさまざまな余剰のマネーが一気に入りこんで、もう一回、一九九七年のアジア通貨危機のようなことが起きないとも限りません。だからアメリカはそう簡単には量的緩和政策を取れない。しかし財政出動はもうできません。アメリカ建国以来初めての、経済的な体力が弱っていることは否定できない事実だと思います。

このはしりはニクソンショックのときにありました。私たちが大学生の時代にニクソンがドルの金との兌換停止に入り、固定相場から変動相場制になりました。沖縄はまだ復帰以前の段階です。我々は一ドル三百六十円と覚えていました。あれから変動相場制に移って四十年です。アメリカは基軸通貨としてドルを刷っていればよかったわけです。しかし大量のドルが世界中にばらまかれ、ドルへの信任がますます薄らいでいます。

中国は約一兆数千億ドル、約百兆円近くのアメリカの国債を買っています。外貨準備高も一兆ドルくらいは持っているでしょう。だからこそ副大統領は中国詣でをせざるを得なかったわけです。言ってみれば、中国はアメリカの最大の株主になっているわけです。日本は中国ほどではないにしても、中国のアメリカ国債保有高の七割ぐらいは持っているはずです。そしてドルの外貨準備高も相当なものを持っています。今の世界経済の全体の構図は富裕なアメリカを新興諸国が支えるという奇妙な事態になっています。明らかに、東アジアをはじめとして、世界の経済、これまでの私たちが考えていた世界全体構造が地すべり的に過渡期にあるということです。これを念頭に置いておかなければなりません。

その結果が沖縄や朝鮮半島にどういう影響を与えるのか、これを注意深く見ていかなければなりません。さしあたり今、経済的な指標として大きな変化が出ています。しかしこれが基地の問題や、安全保障や平和の問題に変化を及ぼすのはこれからだと思います。韓国の株式市場の下落率は世界で一番でした。五、六パーセントが一挙に下落しました。それはなぜか。ドルとリンクしているからです。韓国経済はたとえどんなに順調であっても、将来ドルから離れた経済を営まなければ、アメリカの為替管理によって実態経済が右へ揺れ、左へ揺れる。こういう事態から少しずつ少しずつアメリカ離れが進んでいくと思います。アメリカが普通の大国になっていく、その始まりだと思います。

だとするならば、安全保障や軍事の面でも少しずつ変わっていくと思います。だからこそ、中国の台頭に対して、日米というものがシフトをつくりたい、という動きが一方であるのではないかと思います。アメリカはウォール街なのか、ワシントンなのか。つまりウォール街から見れば、経済的に中国を引き込んでいくことが理にかなっています。しかしワシントンの立場からすれば、中国が海軍力を増強し、軍艦を持ち、空母を持ち、ということに対して、非常に神経を尖らせている。尖閣諸島のような問題があり、南シナ海でさまざまな問題があると。

中国封じ込め政策をとれば沖縄は最前線になる

つまり、中国が間違いなく経済力を背景にして、今度は安全保障、軍事の面でいわば海域に進出していくのではないかとアメリカは恐れています。同じような点で、日本もそうだと思います。だからこそ尖閣諸島の問題や、極端に中国に対して敵対的な姿勢をとるような論調が多々見られるのです。

日米韓がトライアングルになって中国を封じ込める。だとしたら沖縄はどうなるんでしょうか。沖縄はその最前線に立たされるはずです。韓国も米軍基地がある以上、その最前線に立たされると思います。そうなれば、新しい冷戦がここで復活することになります。これは何としても避けなければなりません。

韓国は今の政権ですら対中国封じ込めに対しては否定的です。なぜか、それは中国と地続きだからです。韓国にとって対中貿易は日本以上にウエイトが高い。対北朝鮮との関係で中国の意向を無視することはできません。私が聞く限り、日米が韓国に働きかけて、対中シフトをつくりたいというときに、韓国政府はどっちつかずの立場を取っているはずです。対中融和政策と同時に北朝鮮に対する、いわば向かい方が問われている。非常に難しい舵《かじ》取りを韓国政府は強いられているのが現実です。だからこそ南北の和解を進めなければ、新しい冷戦構造、中・朝対日・米・韓の対決の構造ができあがると、沖縄の基地はより強化される方向に向かわざるを得ないと思います。

それを避けるためにも、南北関係は融和に向かう、それを通じて中国、アメリカ、ロシア、北朝鮮、韓国、日本を含んだ六者協議による、ある種の集団安全保障体制をつくるべきだと思います。東アジアにはアセアンのような平和フォーラムがありません。中国と北朝鮮の相互援助条約はあります。韓国はアメリカと米韓相互援助条約があります。日本は日米安保がありま す。日米安保に則って沖縄にこれだけの過重な基地が置かれています。しかしこの地域には東南アジアに見られるような多国間の平和のフォーラムがないんです。これは非常に危険な状態なんです。

中国の台頭を封じ込めたい。これがワシントンと東京のコンセンサスになり、そして経済的に相互依存関係を深めながら安全保障の面で対決姿勢を取るならば、そのしわ寄せは韓国と沖縄に過重にかかってくるのです。これは歴史を逆戻りすることになりかねません。これは避けなければいけない。そのためにこそ六者協議が必要だと思います。六者協議こそがこの地域に安全保障を保証する唯一の手掛かりになると。だから北朝鮮の核問題を解決するということは、単に朝鮮半島の非核化を進めるだけではない。これを通じて六者の安全保障の多国間枠組みができあがれば、アセアンに対するアニアンができるはずだと思います。アセアンというのは東南アジア諸国連合ですよ。ならばここに東北アジア諸国連合（アニアン）ができてもいいはずです。

かつての琉球が生き延びた知恵を朝鮮半島にも

一国だけが独占的にこの地域に覇権を握るならば、沖縄はそれに左右されて自由に動く領域をどんどんどん狭められ、そして従属的な立場に追い込まれていきます。沖縄にとって利益があるのは多国間の枠組みをつくり、一国や単数で国が覇権を握れるようなシステムをつくらないことです。東南アジアはそれに成功しました。皆さんすぐおわかりになると思います。東南アジアには覇権国家はありません。域内に東南アジア全体に覇権を持てるような国は一つとしてありません。ベトナムでしょうか。インドネシアでしょうか。タイでしょうか。どこもありません。インドネシアのように二億人近くの大きな国であっても、東南アジアで覇権を唱えることはまずありません。

ならば、東北アジアでロシア・中国・アメリカ・日本という、この大国に挟まれた朝鮮半島はどうやって生き延びられるのか。沖縄と同じです。かつての琉球がいろいろな、言わば両属体制のなかで自由交易をやり、平和的なかたちで生き延びた。あの琉球の知恵が韓国にもあるはずです。多国間の枠組みの中でヘゲモニー、覇権が握られない状況をいかにしてつくるのか、ということが朝鮮半島の宿題ですし、それは間違いなく沖縄に大きな影響を与え、また沖縄の自由に動ける範囲を広げていくはずです。

金大中氏はそれがあってピョンヤンに行きました。ピョンヤン政府を六者協議の中に引き入れる。そしてアメリカ、ロシア、中国、日本という大国のはざまの中で弱小な国がそのさまざまな力を注ぐことによって、相互の協力体制をつくり上げることによって、ウィンウィンの関係をつくろうというのが金大中氏の太陽政策でした。私はこれに大賛成でしたし、これをなんとか日本に広げたいと考えてきました。今、その可能性は外堀からはあります。金正日がなぜロシアに、中国に行ったのか。彼は本当に非核化に向かうのか。懐疑的な目がたくさんありますが、私は非核化に向かわざるを得ないと思います。なぜか。北朝鮮は最終的に核兵器を持ちたい、核保有国になりたいとは思っていないと思うからです。

どうして世界最大の超大国、アメリカをたかだか二千万人の、しかも東アジアで、いや東南アジアを含めても最貧国である北朝鮮があれだけ翻弄できるのでしょうか。自分たちが核を持てるかもしれない、という可能性をちらつかせることによって、アメリカを土俵に引き込みました。これは瀬戸際外交と言えば、瀬戸際外交でしょう。しかし金大中氏は核を持つことが彼らの最終目標ではない。アメリカと交渉する、対等に交渉する、体制の保証を手に入れる、これが彼らの目的であると。私はそうだと思います。北朝鮮にとって核は、外交手段として最も使いやすく、かつ頼りになる手段でしょう。

しかしそれは誤りです。誤りであるということを金大中氏は金正日に何度も言いました。金正日は本来ならばソウルに来なければなりません。彼は金大中氏より若い。年功序列からすれば、彼が応答の礼を尽くしてソウルに来るべきです。金大中氏は何度も説得しました。このような年寄りが、足の悪い人間がわざわざピョンヤンまで来たんだから、今度はあなたがソウルに来なければいけない。しかしソウルに彼は来ませんでした。恐いのだと思います。ソウルに来ればどうなるか。身の安全は保証できないでしょう。従って済州島で南北首脳会談をやるという説もありました。ノムヒョン政権のときに、それを模索したはずです。済州島であれば安全が確保できると。私は、沖縄でやればいいと思いました。沖縄で南北首脳会談をやる。本土でやるならば日本の影響が強すぎる。しかし沖縄でやればいいじゃないか。沖縄で南北の首脳を集めて、沖縄が南北の会談を取り持つ。これも沖縄の役割ではないかということを申しましたが、なかなかそれを聞いてくれる人はいませんでした。

朝鮮半島の運命と沖縄の運命はリンクしている

しかし、いずれにしろ間違いなく来年から六者協議は進むと思います。六者協議が進めば間違いなく休戦協定を平和協定に変える方向に向いていくでしょう。オバマ政権がいる間に北朝鮮はそれをやらなければ、オバマが再選不可能になれば、アメリカのティーパーティーという、ウルトラ保守が政権を握るかもしれません。ブッシュ政権以上に強硬姿勢を持つ政権ができあがると、この基地の問題に対してもアメリカがもっと強硬姿勢を見せる可能性は十分あり得ると思います。アメリカは明らかに分裂しています。共和党と民主党をつなぐ中間役はなかなか見いだせなくなっています。来年、オバマが再選できるかどうかはわかりません。もしかしてティーパーティーのようなかなり強硬的な人たちが共和党を牛耳ることになれば、ブッシュの再来になります。これは我々にとっては非常に否定的なアメリカの変化です。

そのためにも、北朝鮮はオバマ政権の間に問題解決に向かわなければいけない。その意味において来年は大きな変化が起きると思います。もし六者協議が進んで北朝鮮の非核化が進み、そして休戦協定が平和協定に代わり、米朝が国交正常化し、日朝が国交正常化できるならば、どうでしょうか。大きく変わっていきます。そして中国を含めて六者での平和フォーラムをつくることができるならば沖縄の基地機能というものは軽減されるのではないかと思っています。少なくとも変化が起きていくのではないかというふうに考えています。ですから私は、南北の和解を進めることが、必ず沖縄にとっていいことだと思います。そして沖縄の方々も南北和解に向かうことをやはりサポートしていただきたい。朝鮮半島の運命と沖縄の運命はリンケージしているんです。密接不可分です。我々はある意味において、運命共同体なんです。朝鮮半島で有事が起きる。日本は明らかに沖縄を足場にするでしょうし、沖縄はもう一度戦争に巻き込まれていきます。これを避けなければなりません。

考えてみますと、戦後六十数年、事態はずっと変わりませんでした。世界中でアメリカとの関係を自立化したいということを本気で言うと、エリートや外交官僚たちが大騒ぎする国は三つあると思います。イスラエルと日本と韓国です。アメリカと対等な関係を結ぼうとすると、メディアも政府も外務官僚も大騒ぎする。あぁなるほど、そうだなあ、と思いました。

どうしてドイツは日本と違う道を歩むことができたのでしょう。戦後ドイツと戦後日本はよく比べられます。でもドイツを見ていただきたい。エネルギー政策もアメリカと違って独自の立場をつくりました。ドイツは独自の原子力開発をやり、またそれを否定して脱原発に向かっています。ドイツは日本ほどアメリカの顔を窺わなくても、ヨーロッパの中で独自の役割を果たしています。なぜでしょうか。それはフランスというパートナーを持っていたからなんです。ドイツとフランスがパートナーとなって、ＥＵ統合を成し遂げました。多国間の枠組みをつくりました。ＮＡＴＯの中にアメリカを引き込みました。

日本はそれができているでしょうか。尖閣諸島、竹島・独島問題、北方領土と、周辺諸国とこれほどまでに領土問題を持っている国は日本だけなんです。そして本当の意味での友好関係をやっと結べるようになる可能性が拓かれているのは、たぶん韓国だけだと思います。中国とは依然として難しい関係にあります。今後、最大の不確定要因は対中関係がどうなるかということです。しかしその前に対北朝鮮関係がどうなるのか、南北関係がどうなるのかが、日本の今後を占っていくときに、大きな意味を持つと思います。

一九二三年から満州事変に至るまでの状況を思いますと、結局日本は何を選択したかというと、国内の矛盾を外に向けざるを得なかった、ということです。今、日本国内にさまざまな問題があります。原発の問題や日本経済の落ち込み、さまざまな社会問題が噴出しています。これがまかり間違って外側に向けられるということを、私も一番恐れているし、韓国の一部の人々もそれを恐れています。そのためにも早く日本を取り巻く、さまざまな国と国との関係を平和裏に解決できるような道筋を考えていかなければなりません。将来、もし六者協議ができて、沖縄に基地を置いておく正当性が少しずつなくなっていけば、私は沖縄の可能性はふんだんにあると思います。

済州島も沖縄に似ています。済州島は今、特区になっています。特区になって、観光と農業で生き残っていこうとしています。日本、沖縄にカジノを置く必要はありません。日本と韓国は根本的に違います。韓国はなぜカジノが置けるかというと、それはアメリカ軍政以来の歴史があります。根本的に違います。しかし済州島がたどっている道と、沖縄が今後模索していく道は非常に似通っていますし、お互いが本当にいい関係をつくれるんじゃないかと私は思います。沖縄をもっともっと韓国や中国の人々が知っていただければ、これほど観光で栄える地域はないのではないかと思いますし、経済特区、あるいは自治州、自治区にして、そして円が非常に高いですから、為替レートも独自の選択ができるようなそういう特区にしていけば、円高になっても、外側から人々が来れるような状況にできるのではないかと思います。

最後に私の夢を申し上げると、将来は東アジアでドルに替わる、円と元とウォンといくつかの通貨の平均値をとった新しい通貨ができるのではないかと思います。今、ＡＣＵ（Asian Currency Unit）をつくろうという動きがありますよね。超円高は十年続くのではないかと考えています。超円高はそう簡単にはなくならない。アメリカ経済が日本がたどったデフレ経済と同じように十年も低迷していくとするならば、円が下がる理由はどこにもありません。それは沖縄の観光にとっていいことではありません。円高が進めばアジアから沖縄に来る人々が減ることは、これはもう理の当然です。そして内地、本土にいる人々もおそらく、沖縄に来るよりは海外に目を向けていく可能性も十分にあります。沖縄はそのためにも私は円を通貨とするのではなくて、為替について違う基準を選び、経済特区にして、外側から自由に人々を呼べるような、そういう島づくりをしていったほうがいいのではないかと常々考えていました。

福島があいう状態になって、東北で特区ができあがると思います。九州も今特区の動きがあります。九州連合体にしようと。可能ならば、沖縄も一緒になってくれればありがたいという人もいます。今後、南側と東北に特区ができて、日本の国のかたちが少し変わってくれば、沖縄の可能性も十分あるのではないか。

東アジアの平和、繁栄とともに沖縄の平和と繁栄があり得ると思いますし、そういう明日があるということで、私はこの話を韓国に行っても多くの人々に語っていきたいと思います。なにとぞ朝鮮半島、韓国と沖縄とのもっともっと幅広い交流というものを皆さんも進めていっていただきたいということを切にお願いします。そして今後もこういう状況ですから、是非とも沖縄を代表する声を永田町に、または日本の国民、メディアに伝えるためにも、皆さんがどうか糸数先生を今後もサポートしていただきたいということを切にお願いして、私の話を終わります。どうもありがとうございました。

3・11以後の日本の歩むべき道

平成二十三年十一月十二日
南風原町立中央公民館にて

今日は本当にたくさんの方においでいただいております。こういう歓待を受けて、本当にありがとうございます。私は今本土におりますし、そして沖縄が今後どうあるべきかということは私のような人間がいろいろと口を挟むよりは、やはり沖縄に生きているこの現実の中で、沖縄の人々が自分自身で探していかなければいけない問題だと思います。しかし沖縄が置かれている状況は沖縄だけに留まらず、東アジア、とりわけ日本の運命にとっては決定的に重要な意味を持っています。

全世界的に見れば、こんなに麗しい島にどうしてこれだけの基地があるのか。今日も南風原《はえばる》文化センターでいろいろと見たり、説明を受けましたが、言ってみれば、戦争の記憶を抱いて生きていらっしゃる方々の思いというものがなかなか戦後数十年経っても遂げられないという現実があるのです。

私の父親と母親が、たまさか朝鮮半島、韓国から来ましたので、なんで分断されたのだろうとずっと考えています。その思いと、恐らくは戦争の記憶がいまだに生々しく、また、これからも伝えていかなければならない場所に基地が置かれ、そしてこれからも基地と共に生きていくことを日本の国から強いられている、という現実の重みを考えると、そこに何か共通点があるのではないかという思いはずっと昔からありました。今日は、今の世界について考えていることを自由に話させていただきます。

アルゼンチンの国家破綻の現場を取材

9・11から十周年の年の三月十一日に、三陸沖で巨大地震が起きました。この巨大地震は貞観地震が9世紀に起きたと言われていますから、千年に一回起きるかどうかの大きな出来事でした。

二〇〇二年に私はアルゼンチンのブエノスアイレスに一ヵ月ぐらいおりました。NHKのあるディレクターから「国家破綻になったアルゼンチンで何が起きているかを一ヵ月ぐらい取材してみないか」という話でした。私は残念なことにスペイン語もしゃべれませんし、中南米についてはほとんど知識がなかったのですが、ただ国家が破綻するという事態はどういうことなのかを、この目で見ておきたいと思いました。

日本では関東大震災が一九二三年に起き、やがて数年経って昭和恐慌が起きました。そして一九二九年にウォール街の大恐慌が起きたわけです。歴史はそう簡単には繰り返しませんが、我々は関東大震災とこの三月十一日をどうしても比べてみたくなるわけですね。当時、金解禁に基づく昭和恐慌が起き、そしてウォール街の大恐慌が起きました。大陸では一九二八年に張作霖という満州国の馬賊の大物だった人物が爆殺され、そしてやがて一九三一年に満州事変が起きました。そこから一瀉千里に新聞は雪崩を打って、いわば関東軍を擁護する方向に向かっていきました。ある政治学者が、「時代が大きく変わるときの先鞭を付けるのは新聞である」と言っています。新聞がまず宗旨替えをしていく。そしてその後に、国民が変わっていくというようなことを言っています。願わくば歴史を繰り返さないようにしてほしいという思いがありますが、この昭和恐慌と世界大恐慌、これと似たようなことが起きるのか、起きないのか、これはまだ誰もわかりません。

私は戦後一九五〇年、日本で言うと昭和二十五年に生まれましたので国家破綻を知りません。国家が破綻したときにどうなるかを、9・11のあくる年の二〇〇二年に、ニューヨーク経由でブエノスアイレスに入り見てきました。これは今のギリシャで起きていること、場合によっては今後EU、もしくはユーロ圏の国々で起きるであろうことにある種の先鞭をつけた、そういう事態だったんですね。

中南米の優等生と言われたアルゼンチンはドルと自国通貨ペソを一対一にしました。通貨価値が高くなったので、購買力が非常に旺盛になり、いろいろな国々がアルゼンチンに投資をするようになる。そこでやったことは、ガス・水道・電気等々を主にヨーロッパ中心の民間企業に払い下げるということでした。人間の生活の一番中心である水道、ガス、電気、それから医

療、こういうものがほとんど民営化されていくという事態だったわけです。そして一挙に現在のギリシャと同じような事態になりました。実態経済と遊離した通貨のレートで、いわば虚構の繁栄を誇っていたわけですけれども、一挙にそれが潰れてしまうわけです。

そうなったときに、南米の中心国と言われているアルゼンチンは比較的、途上国の中では先進国と言われていました。ブエノスアイレスは南米のパリとも言われます。それぐらい華やかなところが一挙に変わりました。そして外貨準備高が完全にショートして、預金封鎖が起きました。預金封鎖が起きると、一般の人々は預金を引き出せないわけです。その結果として餓死者も出ましたし、現在のアテネで起きているようなことが日常的に起きたわけですね。

私もスラムの実態を見てきました。一方で、中南米には依然としてブランドショップもありました。ヨーロッパからの富裕層がかなりいましたが、ほとんどの人々が外国に一時的に資産を移転させるということも起きていました。こういう中で、国家が破綻するということはどういうことなのか。そしてグローバルな金融資本がある一国をアタックし、その国民が犠牲者になったとき、我々の生活の根底が覆されるということを、いろいろな人にインタビューしました。

富裕層からもっと下の人が、夜、ブエノスアイレスの中心街に行って紙を拾って、それを二十キロ離れた自分の家にリヤカーで持ち帰るという、そういう作業も見てきました。これがグローバリズムかと。その時、正直申し上げて背筋が寒くなりました。そして昭和恐慌というものがどういうものだったのか、ある種の体感温度が少しわかったわけです。

その時に、地域通貨をつくって物々交換のクラブをつくっているド・サントスという方の話されたことが、今でも私の頭の中に残っています。グローバルな経済は言わば洗濯機のようなもので、ぐるぐるぐるぐる回っている。真ん中にいる人は無風状態で居心地がいいが、それ以外の人々はすごい遠心力で外側に叩きつけられている。これがグローバル化であると。ですから真ん中にいるのか、外側にいるのかによって、グローバル経済から恩恵を被るのか、あるいは死に至るぐらいのすごいダメージを被るのか、それが歴然としている、というようなことを何度も何度も私に訴えていたのが、非常に印象に残りました。

ときあたかも、小泉改革がちょうど始まろうとしているときでしたし、実際に小泉改革の時期に、確かに日本のＧＤＰ、名目成長率は上がりました。しかし小泉改革の間、ほとんどの一般市民の所得は上がらなかった、むしろ下がっていったと思います。雇用なき成長、あるいは人々の家計に潤いのない成長とも言われました。これは明らかにレーガン政権からクリントン政権、さらにブッシュ政権へと受け継がれていたアメリカの繁栄をいわばコピーのように模写していたとも思います。

アメリカ型のグローバリゼーションを一挙に引き受けたアルゼンチンは崩壊しました。これと同じようなことはかつてメキシコにもありましたし、もっと言うと、大掛かりな、かなり暴力的な形でそれを進めていったのが例のチリのピノチェット政権のときでした。アルゼンチンでは、アメリカで言えばシカゴ学派という今日の新自由主義的な政策をつくり出した、さまざまなブレーンたち、シカゴ・ボーイズという人もいますけれど、そこに留学していたような人たちがどんどんアルゼンチンに帰ってきて、アメリカとともに、ペソとドルを一対一にして何とかインフレを直して、アルゼンチンをグローバル経済の優等生にしようとしました。それが成功したかのように見られていましたが、一挙に崩壊していきました。

あれからアルゼンチンはＩＭＦのメニューを蹴りました。私はラバーニャという経済大臣とアポを取って話をしました。彼は、ＩＭＦのメニューを受け入れれば公共料金を値上げしなければいけないと行っていました。これは現在のギリシャと同じです。私が行ったときには、少し貧しいところは、電気のタコメーターを全部切っていました。タコメーターを全部回収して、それがうず高く積まれているところも取材しました。水道がカットされるとトイレが使えない。ですから十階の高層マンション、アパートにいてもトイレが使えない状態がいたるところにある、という本当に大変な状況でした。

その時は、グローバル経済の実態というものがよくわかりませんでした。アルゼンチンで起きていることは例外ではないかと。たまさかアルゼンチンでは放漫経済をやってこういう結果になったのではないか、と私はそう思っていました。ですから番組の中では、アルゼンチンの事態は特殊な事態だけれども、こういう事態があるということを我々はきちんと認識しておくべきだ、とまでは言いました。小泉ブームが起きようとしているときでしたから、ヨーロッパでまさかそういうことが起きるとは、その時は残念ながら予測できませんでした。言ってみれば、アルゼンチン・シンドロームと言っていいようなことがヨーロッパで今起きているわけです。

そしてあれから十年、9・11でアメリカはイラク戦争もやり、アフガン戦争もやり、たくさんのお金を世界にばらまきました。結果として双子の赤字が天文学的な数字になり、そしてブッシュ政権では第二期があのような悲惨な目に遭い、それをリストラするためにオバマ政権が出てきました。イラクからもアフガンからも撤収しなければいけない。そして内側を見ると、ブッシュ政権のときに、カトリーナというメガトン級のハリケーンが起きました。そこで起きた事態は、明らかにアメリカの縮図でもありました。

見放されていく有色人種の人々、歴然としたアメリカ社会の中の格差。これは、アメリカの持っているさまざまな矛盾というものも我々に知らしめてくれました。アメリカという国はオバマのような大統領をつくりだすほどの民主的な力も持ち、一方では我々の想像を絶するような、国民皆保険すらない格差がある。これもまた実態です。

こういう中で、世界がアルゼンチン化していくのではないか、という危惧を少しずつ私自身も持つようになったわけです。つまりアルゼンチンの現象は例外ではない。これがもう少し先進国にまで飛び火していくのではないか、とここ数年思うようになったときに、ＥＵ、ユーロ圏でこういうことが起きたわけですね。ユーロがどうなるのか、まだわかりません。本当にイタリアは大丈夫なのか。スペインはどうなのか。すでにアイルランドもギリシャも事実上アルゼンチンと同じような状態に置かれています。

今後ユーロ圏がどうなるのかによって、世界経済は大きく変わっていきます。と同時にアメリカの国債の格付けも下がりました。こういう事態は、恐らく９・11が起きた十年前には考えられなかったことでした。しかし私はその予兆をアルゼンチンの中で、自分が実際一ヵ月くらいいて、見ることができたわけです。

今では、日本ですら危ない。地方と国を合わせてこれだけの膨大な債務を背負っていて、というような議論もまことしやかに交わされるようになりました。そして十年後、３・11が起きたわけですね。これは関東大震災に匹敵するような出来事なのかどうか、まだわかりません。しかし三月十一日の事態は、我々に国家の重大な危機をあぶりだしたことは否めないと思います。すでにその前から二十年にわたって、経済的にはデフレ経済が続いていましたし、明らかにさまざまな問題が噴出していました。こういう中で、３・11が起きた。私は四点にわたって否定的な面と肯定的な面が見えてきたと思います。

原発事故から浮かび上がる、戦後成長の中での中央と地方の関係

危機、クライシスというのは確かに危機ではありますが、同時にこれは次のステップが見えてくる希望の光でもあります。まず第一に、三陸沖の巨大地震によって何が見えてきたか。中央と地方との支配・従属関係が、こういう構造になっていたのか、ということを我々に示してくれました。もちろん沖縄の基地と福島第一、第二原発との状況はかなり違いますが、似た面もあります。

言ってみれば、東京を中心とする中央が福島やあるいは東北地方、かつて明治維新以来、内国植民地化と言ってもいいほどに明治政府にとってかなり属領的な扱いを受けた地域、こういう地域が戦後も東京を中心とする巨大な産業中心地への労働力を輩出した。多くの人々が自分の地域を離れて、いわばある種の国内移民となって労働力を供出する場所が明らかにこの地域でした。そこに第一原発、第二原発がつくられた。かつてここに常磐炭田がありました。ここには在日の人もいましたが、たぶん沖縄からも多くの人々が炭鉱夫として石炭を掘っていたと思います。やがてそれが原発になりました。

私も東京に出て四十年近く、東京電力の電力の一部が福島から供給されているということを知っていながら、残念ながらその重大性に気づいていなかったと思います。三月二十八日に私は南相馬市に入りました。それから数ヵ月経って飯館村に入り、三回目の六ヵ月後には飯館村と浪江町に入りました。恐らく基地がなければ、沖縄が今もっとも安全な場所になります。関西でも一部セシウムやいくつかの放射性物質が飛来しているとも言われています。

私の住んでいるところは残念なことにホット・スポットになっています。新聞やテレビで報じられているシーベルト、ベクレルという単位はご存知だと思いますけれども、東京都内の新宿で大体〇・〇一ぐらいだとすると、私の所は一ぐらいです。さらに私が行った飯館村は民家で一番高い所では一八五マイクロシーベルトでした。これはもう信じられない事態です。そういうようなことが実際に起きています。細野豪志さんが環境大臣になって、第一原発のほとんどが冷却状態になったと言われていますが、最近でも二号機が臨界に達し、そして核分裂が起きていると。これは自然分裂かどうかわかりません。いずれにしろそういう大変な事が起きていることは間違いありません。

なぜ原発をこの地域が引き受けたのか。過疎地域、そして限界集落に近い、そういうところに膨大なお金をつぎ込んで、ある種の中毒にしていかざるを得ない現実が中央と地方との間に歴然としてあったことが露呈しました。日本の戦後成長の中での中央と地方のこのような支配、従属関係、こういうものを色濃く持ったのが原発であり、基地であると言ってもいいかもしれません。そういう中央と地方との関係を我々に明確にしてくれました。

唯一の被爆国がなぜ原子力大国になったのか

二番目はエネルギーという問題です。沖縄には原発がありませんから、エネルギー問題は本土ほど深刻な問題になっていないかもしれませんが、広島・長崎という史上初めて原爆投下を受けた国が、どうして魔法のようなエネルギーとしての原子力開発に、アジアでも最初に施設を持つぐらいに、しかも膨大なプルトニウムを備蓄できるぐらいの原子力大国になったのかということですね。

これはまだまだ私にも解けない部分があります。科学技術庁長官だった中曽根康弘さんや、読売の正力松太郎さんがどういう役割を果したのか。あるいは、かつて日本の原子力の生みの親でもあった湯川秀樹さんがどういう働きをしたのか。いろいろなことが新聞でも言われています。私は、核に走ったということは、やはり核兵器というものをいつでも持てる状態にしておきたいという気持ちがどこかにあったのではないかと思います。今でもその疑いを払拭することはできません。間違いなく、佐藤内閣か、あるいはその前後にシミュレーションをしたと思います。

日本が核武装に走っていった場合に、どういう状況になるのか。もちろん日本はＩＡＥＡ（国際原子力機関）に入り、ＮＰＴ（核拡散防止条約）体制に入っていますから、日本が核を持つというオプションは考えられません。しかし一朝ことあれば、核兵器を保有はしていないけれども、場合によってはそれを一週間でもつくれる状態にしておきたい。こういう気持ちは国のトップの方々にはずっとあったし、今でもあるのではないか。私自身はそういう疑いを持っているのです。

ＩＡＥＡの査察のかなりの部分は日本のためにあります。これだけの膨大なプルトニウムを備蓄しており、そして六ヶ所村のような最終施設まで持っているわけですから。韓国は最終施設を持っていません。そしてアメリカからのアドバンテージもありません。日本は言ってみれば、これだけの技術先進国であり、持とうと思えばいつでも核を持てるはずなんですよね。もちろんこれは将来的にはありえない選択だと思います。しかし対中国、対北朝鮮、場合によっては韓国が核オプションを選んだときに、日本といえども、本当にこれに触手を伸ばさないかどうか。そういう事態になったときに、いつでもそれに転換できる。こういうような態勢をつくりたい、という思いがずっとあったのではないかと今は理解しています。

外交文書やさまざまなドキュメントによる実証はまだされていませんが、広島と長崎でこれだけの被爆を受けた国が原子力の平和利用にのめりこんでいったのはどうしてなのか。まだ私自身よくわかりません。

広島と長崎は原爆を投下されました。福島は原子力の平和利用が破綻しました。両者の性質は全く違います。しかし英語で言えば、nuclear power は同じ言葉です。核も原子力の平和利用も、物理的に見ればまるっきり同じです。

広島・長崎で原爆を受けた方や被災者の方々の手記を読みますと、どうして自分は被爆者なのに、原子力の平和利用についてもっと発言しなかったのだろうか、悔いていると。自分のような思いを二度と福島の人々にさせたくない、そういう思いで、自分はもっと声を出すべきだったと。そういうお手紙を私のところやＮＨＫの番組に寄せられた方々がおりました。

被爆者であることはみんなが隠したい。結婚差別やさまざまな苦しい目に被爆者の方々が遭われたことは言うまでもないことです。今でも福島に対して陰湿な差別が至るところで起きています。「がんばれ！　日本」という言葉と、一方で実態として進んでいる被爆者差別、広島と長崎の被爆体験で被爆者の方々が被った戦後史をしっかりと押さえておくならば、そういう事態はなかったはずです。

三月二十八日、南相馬に入ったときに、物資はほとんど南相馬に来ない。トラックで大量輸送する方々がそこに行きたくないと。あるいは福島ナンバーが来れば、みんな避けて通る。また、福島から疎開した子どもたちにゼッケン番号を付けて福島から来たということがわかるようにしてほしい、というような投書まで新聞には出ていました。こういう事態は実際に進んでいるわけです。我々はエネルギーの問題からこれまで眼を背けていた。もっとも重大な問題を私自身も社会科学をやっているはしくれの人間として、なんでここに目を向けて来なかったのだろうと。

安全とは何か、3・11の教訓

三番目に、原子力エネルギーは間違いなく、日本の国のシステムの中枢部分と関わっていました。電力九社体制。今は十一社体制になっていますが、そこにメディア、官界、財界、学界、いろいろな日本の中枢機能がある、そこと何らかのある種の利害関係を持っていたということです。3・11は、そのような既得権益の膨大なものが原子力を中心としてつくられていたということを白日の下にさらけ出しました。そしてセキュリティー、安全とは何か、ということについて我々に大きな教訓を与えてくれました。

アマルティア・センという、ノーベル経済学賞をもらったベンガル出身の経済学者がいます。彼は「ヒューマン・セキュリティ」という概念を示しています。日本語では「人間の安全保障」と訳されています。国際関係の中で、国家と国家との関係の安全保障、それは軍事力であり防衛力であり、そのために必要なさまざまな外交であり、国の専権事項、これが安全保障です。しかし、私たちが体験したことはむしろもっと根本的な安全でした。安全がいかに損なわれているのかということを我々は実感しました。

間違いなく貞観地震は起きていましたし、大体二十数メートル級の津波があったということは地誌にはっきりと記されています。当時その地誌を調べて、仙台まで津波が押し寄せてきたことをはっきりと政府の原子力委員会に発表もし、そして東京電力にもそのことをきちんと提議した文書がありますが、全く黙殺されていました。明らかに天災は人災になりました。安全神話の中に、我々はどっぷりと浸っていたのです。

言ってみれば、沖縄に基地を置けば、我々は枕を高くして寝られるというその安全神話に浸かっているような本土の人々に、自分の足元での安全がいかに脆弱だったかということを我々に知らせてくれました。そこから我々は人間の安全保障と国家の言う安全保障が、時にはするどく対峙するんだということを学びました。

今もって原子力の稼動をいち早くやるべしという考え方に染まっている人々がたくさんいます。信じられないような事態が、今東北から関東地方に起きているにもかかわらず、またその原因が何であり、五十数基のうちの何基かが最終的な収束が本当に可能なのかどうかはっきりわからないままであるにもかかわらず。これは三月十一日を巨大な事件として捉えるのではなくて、むしろこれをできる限り極小化したい、これはあまり大したことではなかったんだ、というような力が依然として復元力を持っている。そういう人々にとって個人の安全保障というものはほとんど省みるほどの価値がないと見られているのかどうか。

今福島では、除染の話が出ています。不可能だと思います。試算では確か、きちっとやれば二百兆円かかるという試算も出ているんです。日本の国家予算の三倍くらい。今回の第三次補正予算は確か七千億だったと思います。私はこれは間違いなく、アリバイ証明でやっているようなものだと思います。

今後、福島はある地域においては本当にノーマンズランドになるのかどうかわかりません。いずれにせよ、それほど大変なことに対して、きっちりとした手当てすらまだなされていない。この中で私たちは自分の身を守らなければならない。私自身ももう六十歳ですから、線量計を持っていても意味がありませんけれど、子どもたちがいます。

私の住んでいる地域でも高いところは二、三マイクロシーベルトいくかもしれませんし、東京大学の柏キャンパスでも二、三マイクロシーベルトになっていると思います。これが徐々に徐々に東京二十三区の一部の地域の中でも広がっていると思いますし、横浜にもそういう現象は出てきています。我々はもう慣れてしまいました。私はもう六十歳ですから、今後何かが起きたとしても十年後くらい、しかし十代や七、八歳ぐらいの子どもたちにとってこれは過酷な出来事です。間違いなく大変なことが日本で起きた。そして、個人のセキュリティー、安全ということを見事に我々に教えてくれた。そこからもう少し手を伸ばせば、たぶん沖縄の基地の問題に行き着くと思います。そういう事件であるということですね。

安全保障の「脅威」は虚構

四番目に、安全保障というものが如何に虚構の上に成り立っていたかということを我々に知らしめてくれました。福島でこれが起きたときに、世界から日本の安否を気遣って、多くの人々が手を差し伸べました。メディアではほとんど言われていませんが、餓死者も出、そしてさまざまな問題を抱えた北朝鮮からすらも八百万円のお金が日本赤十字社に送られました。

日本に巨大地震が起きた。そして原発事故が起きた。どうなるかわからない。そのときに、日本が最も脅威と思うような国々はどういう行動を取ったのでしょうか。中国は四川地震に対する対価として、日本にレスキュー部隊を送りました。領土問題を抱えている韓国は大騒ぎになり、テレビで日本を救う一大キャンペーンもありました。膨大なお金が集まりました。レスキュー部隊は中国と争って一番に入りたかった。ロシアからも手が差し伸べられました。日本に対して、攻撃的な、あるいは少なくともアグレッシブなポーズを取った国が世界にあったでしょうか。我々は間違いなく日本にとって脅威となる国がない、ということを知りました。

一万人近くの人間が一挙に亡くなり、一万人近くの人間が行方不明者になりました。そこから派生するさまざまな巨大な損失、福島は考えられないほど今寒いと思います。今後自殺者も出ると思います。やはりこれからの季節に、子どもを失い、親を失い、そして妻を失い、夫を失った人々が仮設住宅で、阪神淡路大震災のときと同じような現象が起きると思います。中央から見ているとメディアの中でも段々とそういう報道すらもなくなってきます。いったいどの国が日本に対して、仮想的な敵国だったのでしょうか。

もし本当に中国が日本にとって脅威であるならば、これは攻撃の絶好の機会だったはずです。十万人近くの陸上自衛隊がそこに張り付く、米軍もトモダチ作戦という名の下においてデモンストレーションをやりました。南側が本当に手薄であるならば、そこに何らかのデモンストレーションをかけたとしても決して不思議ではないでしょう。しかし、何も起こりませんでした。こう考えれば、我々が国家の安全保障と考えられているものが何であるのかということについて、全く違うコンセプトにいたることを、今回の三月十一日は教えてくれたということです。今後、東京直下型地震が起きるかもしれません。東海地震は約三十パーセントの確率でこれから二十年、もしくは三十年以内に確実に起きると言われています。東南海地震、南海地震が起きる蓋然性は非常に高い。

韓国では二十一基の原発のうち一基の電気がショートし、動かなくなりました。地震が起こらないと言われている韓国でも仙台沖で地震が起きたときに、テグ（大邱）で地震が起きました。今後韓国で福島原発と同じような事態が起きたらどうするのか。中国の沿岸部で本当に福島のような原発事故が起きたらどうなるのでしょうか。沖縄はどうなるのでしょうか。それこそ黄砂に乗って、西日本は壊滅的な打撃を受けるはずです。安全保障という名の下において、イコール安保であり、イコール米軍であり、そして軍事力の増強であり、補強であり、そんなリスクよりはもっとこちらのリスクは高いということを今回の事態は示してくれました。

3・11以後の国家改造への危惧

こういうふうに四点にわたって考えますと、今回の三月十一日は非常に教訓的でした。この教訓から、三月十一日以後は八月十五日を、より深め、より深化させていくのか、具体的に言えば憲法第九条、あるいは憲法の前文をより生かして、アジアの中で日本が生きていく道を選んでいく、つまり八月十五日をより深めた、そのような三月十一日以後になりうるのか。あるいは八月十五日を否定した上で、全く新しいかたちでの三月十一日が生まれてくるのかどうか。

私はそれをこの数年の日本の国の選択の中で見ておきたいと思います。今その力はせめぎ合っていると思います。

かつてドイツの社会主義者、ラッサールという人がイギリスを批判して、あれは夜警国家だと言いました。ガードマン国家だと。国は労働者階級や一般市民の福祉に資源やお金を使うのではなくて、全くそれに介入しない。国民一人ひとりの私有財産と生命を守るだけ、それ以外は一切やらない。そういう国家のあり方をラッサールは夜警国家と批判しました。

しかしどうでしょうか。飯館村に入り、浪江町に入り、いろいろなところで見てきたことを一言で言うと棄民です。かつて沖縄は、まあ棄民政策とは言わないとしても、やはりそうせざるを得ない歴史がありました。日本においては石炭から石油にエネルギーが大転換していくときに、私も三井三池炭鉱の、そんなに離れていないところで生まれましたので、炭鉱の町がどうなったのかということはつぶさに知っています。また、ドイツに留学したときに、三井三池炭鉱から東ドイツに、移民となって移り住んだ炭鉱労働者がいることを知りました。日本は間違いなく、戦前から労働力の送り出し国家でした。ウルグアイに、パラグアイに、そこにある種の棄民政策が取られました。

今、福島の事態を見ていると、ある地域にはもう事実上、外側に出すのではない形での自然な棄民政策が取られているとしか言いようがない事態が複数あります。人々が流砂のようにいなくなる。地域は崩壊していきますよ。浪江町で出会った人、飯館村で出会った人、二十キロ圏内は全部避難地域です。人っ子一人いないはずですが、残っている人々にインタビューしました。「自分はここに残る。しかし子どもたちは出て行く。この町はもうすでにダメでしょう」という声をたくさん聞きました。こういう事態は驚くべきことです。

本来、日本は福祉国家だと。憲法第二十五条に人間の生存権というものを保証しています。この生存権すら保証できない。そしてこの大変な状況に突き落とされた人々、これを中央では国難と言う。私の目から見ると、国難よりは民難ですよ。民の難ですね。

国家はこのためにさまざまなプロパガンダをやりながらも、実態としては遅々として復興、復旧政策は進んでいません。今でも南相馬、相馬に行けば瓦礫の山がいっぱいあります。「がんばれ！　日本」というみんなの総力を結集する一方、実際に行われていることは、部分的には棄民に等しいような事態が起きているということです。これを我々はどう見たらいいのか。

一番申し上げたいことは、今、日本は八月十五日を否定した上に、普通の国家になるのかどうか。「普通の国家になる、憲法なんていうものは日本の国家にとって百害あって一利なし。こんな青銅のおむつを穿いた国家は半人前だ。これをできるだけ早く捨てて、そして普通の国家となって、軍事力をできる限り、さまざまな国際協力というかたちでオペレートしたい。普通の国家になりたい」。おそらくその道は八月十五日の否定の上にならざるを得ないとしか思えないわけです。

考えてみますと、昭和恐慌が起きて、そしてやがてウォール街であのような大恐慌が起き、日本は一瀉千里で関東軍による満州侵略へと総力でみんなが流れ込んでいきました。当時は民政党、政友会の二大政党制でした。政党政治は腐敗し、やがてそこからテロが、あるいはさまざまな青年将校たちが昭和維新運動を立ち上げました。その当時のスローガンは「国家の改造」でした。国を変える。国家の改造。それを担っていったのが革新官僚でした。それが二番煎じのように繰り返されるわけではないと思いますが、我々がショックを受けている間に、矢継ぎ早に国家の改造が進んでいくのではないかという危惧を持たざるを得ません。

劇薬を飲むようなTPPは棄民に等しい政策

ＴＰＰ、我々にとって馴染みのない環太平洋戦略的経済連携協定。この実態は何でしょうか。本来ならば中国、韓国とＦＴＡ（自由貿易協定）へ進み、逆に一割の例外状況は認められる以上、農産物に関しては完全に例外措置を取り、少しずつ少しずつ規制緩和を進めていく。それならばまだ話はわかります。一挙に原則としてほとんど無関税の状態に日本の国を持っていこうというのは、とりわけ北海道と沖縄をはじめ、さまざまな地域にとっては棄民に等しいようなことだと思います。

今回、こちらに来る二週間前に、札幌で北海道新聞主催のシンポジウムがありました。北海道新聞ははっきりと社説でＴＰＰ反対を謳っています。北海道道民はこぞってＴＰＰに反対せざるを得ない。大規模農業が進んでいる北海道ですらもう生きていけない。町村信孝さんのような自民党のどちらかというと保守派の重鎮ですらも、これは大問題だと。これは沖縄の第一次産業にとっても死活的な問題です。ＴＰＰに参加することがアジア太平洋地域のエネルギーを、ダイナミックスを日本に取り入れることであり、日本はこれによってもっと成長するんだと。そうでしょうか。

ＴＰＰ参加国を見れば、アメリカと日本だけでＧＤＰは九割以上です。中国、韓国もそこには入っていません。また韓国ではアメリカとのＦＴＡの批准ですらも反対運動が起きています。大変な反対運動です。ソウル市では、無党派で私の友人でもある弁護士の方が、今回ソウル市長になりました。朴元淳《パクウォンスン》という立派な方です。沖縄のこともよく知っていますし、たぶん沖縄を何回か訪れた経験も持っていらっしゃると思います。ソウル市長は、特別市ですから東京都知事以上の権力を持っています。明らかに韓国も少しずつ変わりつつあります。来年の大統領選挙では、流れが大きく変わっていくかもしれません。

日本でもＢＳＥ（牛海綿状脳症）の問題であれだけ国民的な運動も起きました。農業問題だけではありません。保険の問題、医療の問題、さらには郵政の民営化をめぐる問題等々、これは我々の生活する国の形を変えていきます。かつて軍の将校たちと一緒になって、革新官僚たちが国家改良をやろうとしました。それは電力の国有化から始まりました。その中心的なプランナーがかつての岸信介をはじめとする革新官僚の人々でした。

現代の革新官僚は、そのような形で、一国の力ではなく、他国との共同の形で今日本の国を大きく変えようとしています。これは本当に国民の幸せになるんだろうか。もう少し立ち止まって、中国や韓国とFTAを積み重ね、第一次産業や微弱な産業についてのさまざまな例外規定を一方で設けながら、確実に少しずつ少しずつ段階を踏んで、日本の国の規制緩和を進めていくのならば、まだ私はリーズナブルだと思います。そこには合理的な選択として肯定できる部分があるかもしれません。TPPは言ってみれば一瀉千里です。ほとんど無原則的に無関税の状態に持っていこうとするわけですから、ある種劇薬を飲む、そういう方向に向かっていくのではないか。非常に私自身は憂えている面があります。

覇権の大きな移行期の今、日本が選ぶべき道とは……

かつて一九三〇年代に日本は大きく舵取りを変えていきました。大正デモクラシーの余韻が残る中、日本は当時の中国、南京政府とも妥協的な政策を取っていました。幣原外交は国際的な協調主義を取っていました。しかし満州事変によって一挙に覆されていきます。やがて日本はあのような泥沼の戦争に入っていきました。

翻って今日、もちろんすぐに日本が戦争に入っていくわけではないでしょう。けれども八月十五日、あるいは沖縄戦のこれだけの膨大な犠牲の上に成り立っていた戦後民主主義なるものは、あとかたもなく消えていく可能性もないとは言えません。十年後はどうなっているでしょうか。私はそのとき七十歳です。今ぐらいの力があるかどうかわかりません。ですから、今この時に自分が言うべきことを言おうと。

確実に我々はそういう方向に、大きな流れが向かおうとしている。それに抗う力もあります。八月十五日をもっと深めていかなければいけない。もっと深化させなければいけない。沖縄で戦争を語り継ぐ意味は、そういう意味だと思います。残念ながら政治の大きな流れは、今申し上げたように3・11以後、日本の一九三〇年代と同じようなことが起きる可能性があります。

なぜTPPに入っていくのか。これは間違いなくアメリカの覇権がかなり衰えてきている。これは誰も否定できません。なぜ、大英帝国は一九〇二年に日英同盟を結んだのでしょうか。名誉ある孤立を選んだパクス・ブリタニカは、極東の新興国と同盟関係に入りました。間違いなく大英帝国は斜陽になりつつありました。英国に留学していた夏目漱石ははっきりとそれを見ていました。だからこそロシアを封じ込めるためには、どうしても日本の力が必要であると。
日露戦争の背景には明らかにロシアとイギリスの対抗関係があったでしょう。もちろん歴史を安易に現代化することは間違っています。しかし、南下政策は中国が海に向かおうとするものであり、そして当時のイギリスを現在のアメリカに引き比べて言うと、日本の立ち位置がよくわかってきます。ことほど左様に、中国、韓国の東アジアとこれだけの経済的な依存関係が進み、域内貿易がもうヨーロッパ、ＥＵ圏と同じくらい高い、そういう状況に至りながらも日中関係は非常にささくれ立っています。尖閣諸島問題、そして沖縄の一部がその問題に巻き込まれました。非常にキナ臭い動きが一方であることは否めません。

中国は世界最大のアメリカの国債購入国であり、そして世界最大のドル保有国です。従って中国との関係は微妙です。敵対するのか、封じ込めるのか、あるいは共同のステークホルダー（利害関係者）として、戦略的な互恵関係を取るのか、アメリカにはまだそれがなかなか理解できていない部分があると思います。であるからこそ副大統領は一週間も中国を回りました。アメリカにとって中国は必要不可欠であると同時に、潜在的な脅威にもなっています。

しかし、中国をかつての旧ソビエトのように封じ込めることはできないでしょう。我々はメイド・イン・チャイナなしには、この地球上で生きていくことはできません。中国が間違いなくアジアにおいては大きな力を持つ。そして中国の持っている経済力なしにはヨーロッパの今の苦境ですらも脱却できないのではないか。ヨーロッパには国債を買うだけの中央銀行の力もありません。明らかにチャイナ・マネーが必要でしょう。そのことはますますアメリカのIMF、世界銀行、ウォール街を中心にしたドル基軸の戦後体制の中で、アメリカの立ち位置が少しずつ少しずつ削られていくことを意味していますし、そのパートナーであった日本にとっても地盤沈下は否めません。

我々のような世代はアメリカイズムの中で育ちました。現在でも私はアメリカに対する強いシンパシーがあります。決して反米主義者ではありません。いやむしろアメリカに対して強い共感を持っています。しかし衰退していく覇権国家が自ら平和裏に覇権を譲り渡した歴史は、地球上一度もありません。イギリスとアメリカの関係も戦争はしなかったにしても、結局は第二次世界大戦が起きました。

今、覇権の大きな移行期にあると言っても過言ではありません。日本が選ぶべき道は、そのような大きな流れの中で、どこに立つのか。衰退していく覇権国家と勃興する覇権国家の候補者である中国との間に立って、日本はまさしくその両者を結んでいくような役割を本来果たすべきです。太平洋とそして東シナ海を日本が結びつける。これが本来日本の立ち位置であり、八月十五日以後、日本が目指した道だったと思います。

しかし今、日米同盟を深化させ、よりグローバル化し、そして日本の役割分担に日本が積極的に進んでいこうという動きが顕わになってきつつあります。果たして日・米・韓VS中国・北朝鮮・ロシアになるのかどうか。新冷戦構造ができあがれば、沖縄の基地はより永久化されるでしょう。いやむしろ基地機能の強化に向かうかもしれません。あるいは与那国島にそれこそ日本の陸上自衛隊やさまざまな軍事基地が強化されていく方向に向かうかもしれません。我々はそれを防がなければなりません。

韓国は本当に中国を潜在的な敵国だと思っているでしょうか。韓国の保守的な人や外交当局者に聞いても決してそうではありません。陸続きの韓国で中国と敵対する選択はあり得ません。たとえアメリカ合衆国と米韓相互援助条約を結んで同盟関係にあっても、日・米・韓のこのトライアングルで中国を封じ込めるという政策に韓国が大きく舵取りをすることはあり得ないと思います。ましてや今、民主化を闘ってきた人々が少しずつソウル市長や来年度の大統領選挙で新しい大統領候補として出てきつつあるという選択肢がある以上、中国との敵対関係に、日・米・韓のトライアングルを形成するということはあり得ないと思います。

朝鮮半島問題と沖縄の未来は密接不可分

基地を置かれ、一九七二年の復帰で本土並み、そして核なき世界を望んだ沖縄、しかしその沖縄は今でも基地の現実から逃れられない。そういう沖縄の現実と分断国家、韓国とはまったく利害関心が一致していると思います。朝鮮半島がキナ臭くなればこの地域が間違いなくキナ臭くなり、その多くのしわ寄せをこの麗しい島が背負わざるを得ない。

果たして今後日中関係はどうなるのか。米中関係がどうなるのか。その中で沖縄の現実はどうなるのか。残念ながら今の政治の大きな流れを考えていくと、アメリカと日本との国家的な合意の下に、辺野古への基地移転は強行され、さまざまな基地問題についての解決はますます遠のいていくのではないか。その現実の中で、沖縄で溜まったマグマはどこに向かうのか。この地域の緊張緩和を成し遂げ、徹底して脱冷戦以後に共存関係を成し遂げられれば、この島は平和な島になる可能性を外部環境として与えられるのではないかと思ってきましたし、その意味で朝鮮半島の問題と沖縄の未来は密接不可分に結びついています。

二〇〇〇年に金大中大統領が北朝鮮に行きました。のちに拉致問題があり、日本のメディアでは一挙に批判が噴出しました。私は彼の政策を支持しました。本も出しました。批判も受けました。そして今も私自身をそのような目で見る人もいます。しかしそれは間違いです。もう一回6・25動乱を、朝鮮戦争を望む韓国、朝鮮の人々がいるでしょうか。もう一度あの時代が来たならば、朝鮮半島はもう二度と立ち上がれないと思います。デタント（緊張緩和）が成し遂げられていない。あの独裁国家の中で呻吟《しんぎん》している人々がいます。北朝鮮の二千万の人々はゴミ屑ではありません、生きている人々です。

かつて六月二十五日に、そのような事態が起きた。そして金大中氏が北朝鮮に二〇〇〇年に行ったわけです。これは画期的なことでした。考えてみますと、二〇〇〇年六月の南北首脳会談があったおかげで、一触即発のことがあっても南北はまだ戦争には至っていません。アメリカですらも、この間の延坪島《ヨンピョン》事件において、韓国が北進するのではないか、韓国軍が勝手に三十八度線を越えて、戦争を仕掛けるのではないかと恐れていたと思います。

アメリカにとって、日本にとって、あるいは中国にとってもそうかもしれません。この地域に適度の緊張関係があることは国益だと思っている人々もいるかもしれません。それを最も望んでいるのは中国の軍隊であり、アメリカのペンタゴンであり、また韓国の軍隊であり、また日本のそのような関係者かもしれません。これはわかりません。しかしこれが一触即発の事態になったときに沖縄がどうなるのか、これは避けなければならない。そのために金大中氏は二〇〇〇年六月、ピョンヤンに行きました。彼からいろいろ話も聞きました。死ぬ思いで行ったと。自分は死んでもいいと。大変だったと思います。そういう事態の中でやっと南北の雪解けがありました。

しかしあれから十年経ちました。この間の十年は失われた十年と言っていいと思います。私は前から、北朝鮮を孤立化させるならば崩壊しない、むしろ北朝鮮を国交正常化させるならば、東ドイツと同じ国家崩壊の運命が待っているかもしれないと思っています。明らかに露朝関係は進んでいます。鉄道を敷設し、そしてロシアの天然ガスを韓国まで引っ張って来ようとしています。中国も北朝鮮を支えるでしょう。

日本の世論は北朝鮮に対して手厳しい。しかし、アメリカですらも人道支援をしています。飢えた子どもたちがいることは間違いありません。三十八度線の北側にあれだけの人々がいて、軍事独裁国家の中でさまざまな物資が途中で搾取されるにしても、アメリカですらも食糧支援はしているということです。私たちはあの国を武装解除させなければなりません。そしてもしこれに成功すれば、この北東アジアに六ヵ国の安全保障のネットワークができるはずです。私はそれを望んできました。

ヨーロッパにどんなに経済危機があっても、軍事的な危機はありません。今後ユーロが分裂するかもしれませんが、それが戦争に発達することはまずありえないことです。しかしこの地域はそうではありません。何としてでも六者協議を成功させる。そして日本、韓国、北朝鮮、中国、ロシア、アメリカを入れた六者協議をこの沖縄でやればいい。もし六ヵ国がある種の安全保障体制について合意ができるのであれば、私は米軍基地をここに置いておくレゾン・デートル（raison d'être 存在理由）はほとんどなくなると思います。どうしてここに米軍基地を置く必要があるのでしょうか。我々は明らかに新しい構造に向かって進まなければなりません。

日本国憲法を守るだけではなくて、日本国憲法を生かさなければなりません。憲法を守るだけではダメです。憲法を具体的な構想の下で生かしていかなければなりません。そのためにはどうしてもこの六者協議が必要です。この六者協議が成功するかどうかは、沖縄の未来にとってとても重要なことだと思います。

なぜ日本全体のわずかな領土に過ぎないこの地域に、六十年以上にわたって、またこれからも、未来永劫に基地を置こうとするのか。これほどまでに沖縄に依存している、甘えている、日本本土、日本国家とは何かということを沖縄にいる人々は常々問いかけているはずです。なぜ我々にそこまで依存しなければいけないのか。本土では逆だと思います。沖縄の経済は本土に依存していると。まさしく倒錯した考え方が多くの一般市民、国民の中にも、これまでずっと常識としてありました。

しかし今回、3・11が起きた。人間の安全保障、人間の生存権、平和的な生存権、経済的な生存権も含めて、そういうものがもろくも崩れていくということを我々は学びました。そしてそういうことの延長線上に、慢性的に基地とともに歩んでこなければならなかった沖縄の現実が、前より見えてきたのではないか。しかし残念なことに、そうであるがゆえに、ますます国家にすがろうとする人々の動きが増えていることも現実です。これはやはり三月十一日がもたらした両義的なものでしょう。まさしく危機的状況であるが故に国家にすがろうと。いや危機的状況であるがゆえに我々は、どうやって我々の絆というものを深めていくのかというふうに動いていく人々もいます。明らかに三月十一日は両義的な問いを我々に問いかけてきたと思います。

新しい時代の日本の立ち位置は?

最近アメリカで『ショック・ドクトリン』(ナオミ・クライン著)という本が話題になりました。考えてみますと、イラク戦争のときのオペレーションの名前が確か「恐怖と戦慄」だったと思います。恐怖と戦慄作戦。三月十一日は日本国民にとっては「ショック」、そして途轍《とてつ》もない不安を掻き立てました。そして、それを契機にして我々はこれまでのあり方を見直し、新しい八月十五日が始まっていくのではないかと期待を持ちました。

世界からいろいろな手を差し伸べられました。周りの敵対しているような国々ですらもレスキュー部隊を送り、お金を送り、日本がんばれ、と。福島の人々の整然としたがんばりようを見て、我々も見習おうと思った。そういう手がたくさん差し伸べられました。しかし今現実に動いている方向性を見ていくと、八月十五日の否定の方向に向かうのではないかと思います。もちろん、こういう傍観的な予測をしてはいけないと思います。なぜならば、我々はただ自然現象を予測しているのではなく、当事者としてやはり現実を変えていく力を持っています。しかし残念なことに、このままいけば憲法改正もそう遠からず起きるのではないかと思います。この道は戦前の道につながらないとしても、沖縄にとっては過酷な道になることは疑い得ないと思います。もしその方向に向かうならば、この東アジアの経済的な相互依存関係と同時に、またもう一度新しい冷戦に近い緊張が走り、この地域に不測の事態が起きる可能性もないとは言えません。

十年前に、五十年考えて自分はこの日のために北に行った、とおっしゃっていた金大中氏のお言葉に感動しました。もちろん政治家ですから、汚い面もあるでしょう。清濁併せ呑んでいる面もあると思います。しかし彼は五十年間考えた末に、この日のために大統領になった。そしてその日を迎えて北に飛んだ。これは画期的な意味があったと思います。彼によってはじめて六者協議、そして東アジア共同体ということも取り上げられました。日本が立つ位置は太平洋の向こう側に半身を置きながら、アジアにもう一つの軸足を置かなければなりません。新渡戸稲造はかつて「われ太平洋の橋にならん」と言いました。しかし太平洋の橋になると同時に、玄界灘の橋にもならなければなりません。それが日本が八月十五日以後選んだ道だったと思います。残念ながらそうなっていません。

あの政権交代はなんであったのか。鳩山首相ですらも東アジア共同体を言いました。彼はリップサービスで終わりましたけれども、沖縄の基地、これについても辺野古以外を一応彼は言ってくれました。彼がやめる二ヵ月前に三時間ほど話したときに、辞めてはいけない、と言いました。「あなたは辞めてはいけない、続けなければいけない。言葉通り、東アジア共同体と沖縄の基地について明言したことを実行してほしい。そして期限を五月と言わずに自分の任期中のファイナルにそれを達成すると言ってほしい」と。残念なことに、これは聞き入れられませんでした。

しかし我々はまだ失望する必要はありません。韓国でも新しい動きが出てきましたし、間違いなくこの動きは来年（二〇一二年）に新しいうねりとなって、はっきりと浮上してくると思います。また、メディア、学界、官界、政界には、うようよとジャパン・ハンドラーがいます。日本を手玉にとって、あたかもワシントン発の米国側に偏った考えが、これがまさしく日本国民が考える、全てであるかのように考えている人々がいます。いったいどこに目を向けているのか。沖縄ではなく、ワシントンＤＣなのか。こういう人々がナショナリズムを気取っています。おかしなことです。ナショナリストであることが最も米国に従属的であり、そして沖縄の基地返還、あるいは基地をなくしてほしい、というこの自律的な運動があたかも本土に敵対する、ある種の沖縄ナショナリズムとして見られているというゆがんだ現実です。

今、日本にはナショナリズムはありません。ナショナリズムは自己完結的なはずです。自律的であり、自主的であり、自分たちの運命を自分たちが決めるということが、本来のナショナリズムです。しかしメディアを賑わせている人々は自分が最も愛国心があり、国を憂え、自分はナショナリストだと言います。そういう人々がまさしくジャパン・ハンドラーになっています。おかしなことです。米国に従属的であることがナショナリストの専売特許になっています。なぜこれほどまでに沖縄が嫌だと言っていることを無理強いしなければならないのか。これはかつて原発を置いた、その構造、中央と地方の構造にかなり似通った面があると思います。

では我々はどうしたらいいのか。個人の人間の安全保障ということについて考え出した人々がたくさんいます。その人々がたとえ沖縄の現実や憲法第九条に興味がなくても、自分の人間的な安全保障というものを考えなければいけない。これは声なき声として広がっています。だからこそ反原発、脱原発で、公称六万人近くの人々がデモを起こしました。たかだか六万と言えば六万です。しかし大きな数です。少ないにしても、そういう動きは出てきています。私は三月十一日の事態を、今の方向で引き受けている市民の声は前より増えていると思いますし、TPP反対の声が倍加して、そういう動きになっているのではないかと思います。

今後日本はまた再び政治の季節が来るのではないか。そして今ユーロ圏で見ているような現実は、日本にも出てくるかもしれません。来年、再来年にかけて、沖縄の今後はTPPも含めて、非常に過酷な状況になるかもしれませんが、一方で共鳴板は広がっている。そして韓国においてもそういう運動が大きなうねりになりつつある、ということです。沖縄の現実は決して孤立していないということですね。このことを我々はしっかりと肝に銘じておくべきではないかと思います。

残念ながら永田町に、今のところ期待は持てません。このまま行くと憲法改正のための衆参両議院における過半数は事実上取れる現状になっていますから、場合によっては、TPPの問題解決策が、政治的なスケジュールとして出てくるかもしれません。これにどう対応するのか。私は本土にいますから、自分のやり方でやるしかない。できる限り柔軟に、しかし一方で決して妥協せずに、何とか多くの人々との共鳴板をつくりあげていく。そして沖縄では、本土から来た人々に少しでも沖縄の現実を見て、そこから学んでいくように、一人ひとりが働きかけていくしか方法がないと思います。あと十年後、私が七十になってお呼びになるなら、是非とも来たいと思いますけれども、その時はもう少しいい時代になっていればいいなということを申し上げて、終わらせていただきます。どうもありがとうございました。

＊　＊　＊

質問者A　今日は、大きな流れが見えるというか、これから先、沖縄の未来を見るのに重要な視座であったり、背景を話していただいて本当にありがとうございました。
私は映画の企画をしている者ですが、３・11の後、科学の恩恵を受ける身として、また一つの方法として、アトム亡きあとのウランちゃんとお茶の水博士の会話というのをテーマに、映画の企画をしています。もし今の状況で姜先生はウランちゃんに何を言ってほしいか聞かせていただけませんか？

姜　ウランちゃん。いい質問ですね。私はあるところにコラムを書きました。鉄腕アトムの妹がウランちゃんですね。我々の世代は「十万馬力、鉄腕アトム」で学びました。ですから原子力に対して、肯定的なイメージをどこかで持っていたと思います。もちろん高木仁三郎さんやそういう方々の批判は知っていましたし、共感はしていました。しかし、どこかにやはり刷り込みがありました。鉄腕アトムに「科学の子」という言葉があります。
私が貸本屋でよく見たのは白土三平で、「カムイ伝」というのがあります。この白土さんは長野県に長くいました。日本の本土には皆さんも知っているように同和地区というのがあり、幕藩体制の中で穢多《えた》、非人《ひにん》と言われました。そういう人たちを主人公にした漫画でした。私は戦国時代を扱った白土三平の漫画を見て、いたく共感しました。彼が教えてくれたことは「自然の子」ということ。

手塚治虫さんは、やはりインテリだと思います。医者でもあり、学歴もある。最近、白土三平さんの評伝を手に入れました。白土三平さんは水木しげるさんと一緒になって、紙芝居をやったり、そして自然の中で生きていた人ですね。お父さんがプロレタリア運動もやっていた人で、画家だったと思います。

私はそのときに、自分の中に煩悶があった。それは「科学の子」、これが原子力につながっているんです。そしてウランにつながる。しかし一方で私は「自然の子」、なぜそう思ったかというと、私の母親からよく言われたのは、「人間は所詮、歩く食堂だ」と、口から入れて尻から出すと。我々小さいころは、皆さんもそうだとは思いますけれども、畑には天然の香水がたくさんありました（笑）。また小学校六年のころ、肥溜めの中にドボンと入ったことがあります。確か、遠くにテントウ虫かなんかがいるというので一目散に行ったら、畑に銀紙みたいに月の光で輝いていた。それで足元を見たら、肥溜めの中に入り込んでいたんですね。ここ（胸の辺り）まで入っていました。で、それからしばらく、みんなに「臭い、臭い」と言われたんですけれども。まあ、そういうことも背景にあったかもしれません。

我々はなぜ、戦後教育の中で、自然の子であるということを教えられなかったのだろう。ですからウランちゃんに言いたいことは、江戸時代のカムイの時代に一回タイムスリップしたらどうかなと（拍手）。日本では手塚さんがあまりにも有名でしたが、しかし今から考えると、自然の子としての白土三平の方が、私は教えられることが多かった。だからウランちゃんには、あなたは科学の子として生まれた。しかしあなたが一番失ったものは自然の子として生まれることだったのかもしれない。ウランちゃんが自然の子で生まれたかったという願望を彼女に聞いてみたらどうでしょうか。よろしいでしょうか。

質問者B　今沖縄で大変問題になっている八重山の教科書問題について、先生のお考え、感想とかがございましたら、お聞かせ願いたいと思います。

姜　やはり八月十五日の否定の上に三月十一日以後になるのか。もちろん沖縄戦はずっと前に終息していましたけれども、八月十五日を否定するというのは、ただ単に憲法を変えるだけではありません。記憶を変えなければいけません。八月十五日の否定、ということは記憶を変える、つまり記憶の改ざん、歴史の改ざんということですね。そのために、どうしても歴史教科書が常に大きな問題になるんだと思います。この南風原文化センターの現実を見れば、改ざんしようにも改ざんできない人々の証言や物証がたくさんあります。にもかかわらず、やはり記憶を改ざんする。そしてその記憶の改ざんによって十年、二十年、改ざんされたまま子どもたちが過ごせば、ある種の記憶喪失になると思います。教育というのはそういうものだと思います。沖縄戦であれだけ被害に遭われましたが、その中で軍国少年となって沖縄戦を戦った方々もいらっしゃったと思います。教育というものはかなり恐ろしいものです。そこには必ず記憶の改ざんがあります。記憶を改ざんしなければ、八月十五日の否定は不可能でしょう。その動きがあるということは由々しいことです。

私が知っている限りでも、ある県ではそれが進んでいます。つまり八重山のある地域で採択された教科書をサブテキストとして、事実上使おうという動きが、ある県では進んでいます。これは氷山の一角だと思います。確かに採択率はかなり伸びているのではないでしょうか。それを考えると、大きな流れとしてはそういうことになると思います。歴史の改ざんというものはやはり起きるわけで、これは単に過去の歴史を変えるというだけではなくて、今の、もしくはこれからの現実と密接に関わって起きている、歴史の本質は現代にあると思います。今、現在起きていることと、八重山で起きていることは密接不可分であって、それはただ単に、過去に起きた、過去形で終わったことをどう考えるかに過ぎないと思いますし、やはりこれは注目すべきこと、そして沖縄にそういうことが一般化すれば、これはかなり大変なことではないかと私自身は思っています。そしてその動きは八重山だけではなくて、本土の一部ですけれども、確実に進んでいるというのが現実ではないでしょうか。それぐらいのことしか言えませんが、よろしいでしょうか。

司会　そろそろお時間がなくなって参りましたので、ここで終了いたします。姜先生、ご多忙なスケジュールの中、南風原にお越しくださいましてありがとうございました。

特別インタビュー

状況を変えるのは自らの手で

二〇一二年三月三十日　東京大学にて
聞き手・緒方　修

緒方　先生の三度にわたる沖縄での講演会を拝聴しますと、ヨーロッパと違ってアジアには紛争を避けるしくみがないということが非常に懸念される、そのためにも六者会議が重要だということを強調されていらっしゃる。さて、今現在（アジアの状況は）どうなっているのでしょうか。

一刻も早く六者協議を

姜　既成事実に捉われずに言うと、四月の金日成の生誕百年というのはわかっていますし、金日成というのは北朝鮮では建国の父、ゴッドファーザーなんです。これは死者が生者を動かすというか、今、名目上最高権力を持っていると考えられる三代目の金正恩ですら変更できない。オーソドキシー、自分の正統性を実証するためにはなんらかの形で盛大なセレモニーが予定されていて、彼らのいう「人工衛星」を発射するということは前々から決まっていたと思います。これは金日成の遺訓政治でもあったのです。

問題は二月の時点での米朝妥結です。北朝鮮はウラン濃縮を止める、そしてＩＡＥＡの査察を受け入れる。その代わりアメリカから食糧支援、栄養剤を中心とする米以外の支援を勝ち取って、アメリカとの蜜月の突破口にしたいということでした。ところが「ミサイル発射」ということになり、アメリカは騙された、ということになりました。その辺りの背景が私にはまだよくわかりません。

米朝の間でどういうアグリーメントがあったのか、その約束の条項に何が書かれていたのか。たとえば、any sorts of missiles あるいは rockets と書いてあるのか。ロケット、ミサイル、人工衛星……。非常にわかりにくい。ただ国連決議に従えば、たとえこれがロケットであり、人工衛星を積んでいても、北朝鮮の技術で軌道に乗せられたとしたら、長距離弾道ミサイルの技術とリンクしているから、そういう行動をすることは禁止されている、という解釈は当然成り立ちます。アメリカ側は米朝妥結のときに、そういうことを想定していなかったのかどうか。これが今のところわかりません。

ただ間違いなく、北朝鮮は人工衛星かミサイルかは別にしても何らかの形でロケットを発射させるでしょう。おそらく日本円に直して数百億円。ロシアのメドヴェージェフが言うとおり、飢餓があり、まずは民衆の生活だという状態のときでも、それを優先するというのは、国家の

撮影　須田吉貴（東京大学新聞社）

正統性が続くかどうかが問題になっているということです。われわれは、それは二重三重の意味でばかげた行いではないかと考えます。戦争中に日本が戦意高揚のため「欲しがりません、勝つまでは」と言って、一部に餓死者が出ても物資を供出させ、戦艦大和のようなものを作って、結局すぐに轟沈されてしまう。ああいうばかげた行為と同じようなことを繰り返しているではないかと。これが普通にわれわれが考えるコモンセンスです。

ところがコモンセンスがあそこでは成り立たない。そしてそれを止められる仕掛けもありません。今年、アメリカも韓国も大統領選挙を控えています。日本は政局が大混乱しています。唯一安定しているのはロシアで、プーチンが間違いなく政権に就くでしょう。中国も習近平を中心として新しい執行部に変わりますが、内部の権力闘争がかなり大きい問題になっています。抑えがどこにもないのです。

北朝鮮の打ち上げに対して、沖縄やいくつかのところでＰＡＣ３のようなものが配備されるようですね。北朝鮮が考えている落下地点がフィリピン北方の公海上であるとしても、どうやら日本の領空の南側を通ります。途中で落下した場合、どうなるのか。国民の心配があり、ＰＡＣ３の配備は当然だと。私自身それはよくわかります。国民の不安は高まっています。

ただ私は、北朝鮮が、アメリカのＮＡＳＡの航空関係者まで招待して、これは衛星ですよ、と言っているのであれば、それでいいじゃないか、と。これが衛星ではないとわかったら、「お前たちの言っていることは全部ウソじゃないか」ととっちめるためにも、彼らがそうしたいというのならいいのではないか。そしてそれが真っ赤なウソであってもウソでなくても、結局それは弾道ミサイルをより進化させるための詭弁だった。初めて彼らはそれを公開すると言っている。東倉里（トンチャンリ）という中国国境沿いで施設を見る。彼らの意図もある程度、そこから憶測ができるし、私はそうしてもいいんじゃないかと思います。一切あいならん、というだけではなくて、硬軟合わせるということです。

それはなぜかというと、いろんな説があるんですが、ある友人から教えられて、ジョンズ・ホプキンス大学の中の38North（38度線）というウェブサイトを見てみました。北朝鮮事情の詳しいデータを出しています。そこに、「今回のことはどうも解せない」とありました。ふつう、食糧をもらったあとで「飛ばすよ」というのなら騙されたということになるが、まだ食糧支援をなにも獲得していない、援助をこれからやるよ、という体制になっていて、人工衛星は各国どこでもやっているし、気象衛星ならばすべての権利が許されているわけだから。これは騙したと言えるかどうか。

緒方　やらせてみたら、ということですか。

姜　そう思うんです。北朝鮮が得るものはなにもないんです。このサイトではいくつかの法則を述べています。どうも北朝鮮をひとつの国家意思でくるのは誤りではないか。つまりアメリカ側と交渉を進めて、ソフトライナー、これは外務官僚とか、どちらかというと改革解放ラインでしょうね。それと軍部とのすり合わせが出来ていないのではないか、と。だから外部から見ると非常にちぐはぐで、戦略的にみると全くばらばらです。

緒方　すると金正恩に代わってからそういう亀裂が出てきたということですか。

姜　金正日のときから少しずつあったのかもしれませんが、先軍政治になって、朝鮮労働党が「政府より軍が国家のモデル」だとして、それを前面に出したわけです。私はこれはある種の危機管理体制だったと思いますが、ふつうはいやしくも社会主義を唱えている以上、党が中心です。労働党が中心になって、そこに書記長なりがいて、今の中国のように政府を選んで、人民会議があって、最高会議として問題を決定していくと。決定していくときには、中国もそうですが、一応ポリトビューロー、政治局があり、常任政治局員がいます。ところが、それが全部軍におまかせ、と。これは明らかに異常体制です。これまで、米朝交渉や日朝交渉を進めてきたノンミリタリーの官僚、あるいは統治機構の上の人間と、しっくりいかなかったのではないか。

二月に米朝交渉で妥結したと言って、これで六者協議に向かうのかというときに、突然衛星を打ち上げるという、この根回しの悪さ、そして食糧援助をアメリカからまんまとせしめて、その上で打ち上げるというのならまだしも、なんの収穫も無いうちに約束を反故にされるようなことをやっている。

ひとつの仮説としては、名目上は金正恩に権力の中心が置かれているようにみえるけれど、だれが今最高責任者なのかわからない。これはオバマが演説の中で何度も言っています。アメリカ側も分析してみたけれどどうもわからない。韓国もわからない、と思っている。だれが本当に実権を持っているのか。私はやはりハードライナー、ソフトライナーがいるのではないかと思います。

われわれは外側にいる立場として、どうやったらハードライナーではなくて、もう少しソフトライナーが前に出て来られるように静かな圧力、それから、さまざまなソフトライナーを勢いづかせるようなアプローチの仕方があるのではないか。そこのウェブサイトの中では、ケネディとフルシチョフの時代のキューバ危機を巡るアメリカの対応が述べられていましたが、やはりアメリカの大統領が政権基盤が強ければハードライナーのメッセージよりソフトライナーのメッセージを大きく見せると思います。そこで交渉に持っていくということが国内的に出来ると思いますが、今のオバマ大統領にはなかなか難しいでしょう。彼が再選されればやると思います。メドヴェージェフとの会談がリークされて、米ロの核戦略交渉、戦術交渉も自分が再選されれば柔軟にやれるよ、ということがオフレコで流れてしまった。私はオバマは再選されるとかなり大胆なことがやれるのではないかと思っています。

ところが十二月までオバマ再選の一〇〇パーセントの確証がない。それで、北朝鮮がまともな国際感覚を持っていれば、オバマのときにやるべきだということになる。二月にああいう交渉をしたというのも、ただ単に四月のセレモニーに向けて食糧支援が欲しかっただけではないと思います。やはりオバマのときにやって、オバマ再選に少しでも貢献できれば、北朝鮮側のリターンも大きい、と。クリントンからブッシュに変わるときに、クリントンの平壌（ピョンヤン）訪問がだめになりました。オルブライト国務長官が訪朝し、趙明禄（チョウミョンロク）という、金正恩を小さい頃肩に担いで、金正日の下で活躍した最高軍人が一応メッセンジャーとしてホワイトハウスまで行きました。北朝鮮の軍のトップがホワイトハウスまで行った。

緒方　もう一歩だった。

姜　もう一歩だったんです。あそこでミスった。私はそれを考えると、同じ轍は踏めない、と。ふつうはそう考える。ところが、軍部やハードライナーがもしいるとして、彼らからするとオバマもオバマでない人間も同じなんです。アメリカはわが方に圧力をかけてつぶしにくるはずだというオブセッションがあれば、一向に変わらない。

私は、実際にミサイルがどこに飛んでくるのか、落ちるのか。撃ち落とせるのか。それは国民の安全保障にとって重大な問題だと思いますが、それよりもっと大きい問題は、今の北朝鮮をどう見て、どう圧力を加えて、またどんな風にこのソフトライナーの部分を勢いづかせるか。そういう工夫が必要だと思います。

北朝鮮は、非常に微妙な時期にきています。もし幹部の中から脱北者が出た場合、昔、黄長燁が出ましたけれど、彼は例外だとしても、たとえば今回中国で、重慶の市長だったかなりの実力者がアメリカ大使館に駆け込みましたよね。中国には太子党という勢力があります。習近平もその流れです。駆け込んだ人物は習近平の側近でしたから、中国の指導部はびっくりした。つまり中国内部のかなりの権力問題がリークされるということです。今後もそんなことが起こりかねない。北朝鮮でもこういう人物が出てきたら、中での自壊作用が起きる可能性があるかもしれません。

緒方　日本では「あれでは持たないだろう」と期待を込めて言っていますが、そんなことはあまりないんだ、ということでしたよね。

姜　ないという意味は、外側からの圧力が加われば加わるほど、あの国は何とか持つと思います。そうではなくなったとき、少しでも外側の空気が入ってきたり、それから少し開くことを恐れているということもあるのではないかと思います。四月を乗り切ったとしても、そのあとに、そういうようなことが起きた場合は、北朝鮮はかなりの危機的状況を想定して渡っていかないといけない。そのときは大変なことになります。だれも悪夢のシナリオは考えたくないのです。

ロシアも中国も日本も韓国もアメリカもそう。ならばどうするか。なんとか北朝鮮が国境の内側で支えられる体制になって、内側のソフトライナーを勢いづかせるような方向に持っていくしか方法はありません。万が一、自壊作用が起きた場合には、今まで想定できなかったことが起きると思います。東ドイツの崩壊とはぜんぜん違う事態です。中国はそれを一番恐れている。中国も今回は、おそらくはらわたが煮えくり返っていたと思います。それでも中国は今後も支えるでしょう。自壊するシナリオよりはまだましだということでしょう。

それよりも、東アジアの戦略的な状況も踏まえて、今非常に気になるのは、日本のメディアでは拉致問題の「ら」の字も出てこないことです。いま交渉しなければ拉致問題自体が消えてなくなるかもしれない。これは被害者にとってもっとも悲劇的なことです。だから交渉した方がいい。「圧力と対話」と言いながら、対話を全面的に否定して実際に圧力だけでやってきた果てに拉致問題の「ら」の字も出てこなくなった。

そして核とミサイルの問題になってきました。これは喫緊の関心事だとだれもがそう思っている。金正日が亡くなって、体制が持つか持たないかという問題になり、最悪のシナリオさえもまったくゼロではなくなってきています。今回の北朝鮮の対応を見ると、彼らが一番追い込まれていると思っていいですね。「窮鼠猫を咬む」で、場合によっては核実験までもう一遍やらかす可能性もあります。そういうことも念頭に置きながら、やっぱり六者協議の五ヵ国がしっかりと連携を深めなければならないでしょう。

中国は、今回の日本の迎撃用ミサイルやイージス艦の動きを見て、これは中国シフトではないか、と受け止めています。尖閣諸島の問題があるので、沖縄という微妙な場所に迎撃ミサイル、ＰＡＣ３を置いています。射程距離が数百キロあると思いますから、沖縄の石垣のポジションが微妙な時期に、ここの地域が重要なんだと日本も国民にアピールしたわけです。北朝鮮の問題がてこになったんですね。中国は、日本の防衛体制が南側に移ることを危惧していると思います。中国がかなりアグレッシブに対応するかもしれません。

北朝鮮問題の背景には日中の問題があるんです。だから、日中が本当に腹を割って北朝鮮をどうしたいかということについて話をしないといけない。

緒方　その態勢はゼロですね。

姜　ゼロです。私は北朝鮮の問題は中国にとって台湾問題以上に大きいと思います。自分の土手っ腹に問題が飛び火するということです。日本にとっては、射程距離の中にはありますが、海を隔てているし、今のところ核弾頭を積んで発射できる技術はないので、さしあたりは中距離ミサイルを警戒しています。ただ難民が出た場合、最も危機的状況に追い込まれるのは中国と韓国です。これも含めて、アンダーグラウンドでもいいから、中国が何を考えているのか、北朝鮮をどうしたいのか、建前ではなくて、しっかりと腹を割って議論すべきです。

緒方　中国側のメッセージが何も伝わってきていない気がします。

姜　来ていないですね。今回、習近平に会うために民主党の幹部が訪中しましたね。輿石幹事長たちが行った。しかし一方では鳩山さんも行った。それも同じ日に。中国側は、民主党という党はいったいどうなっているんだと思うはずです。ああいう外交はやってはいけない。党と党の外交であれば一元化して、鳩山さんと幹事長が一緒になって会うべきでしょう。それができないんですね。向こうから見てもばらばらですね。野田さんも中国側と腹を割って話もできないわけです。今回のソウルでの安保サミットでは通訳を入れて数分話したということですが、何もしゃべっていないわけです。元気か元気でないか、というぐらいの話です。

今、日中はまさに隔靴掻痒で、靴の外側から足を掻いているような状態です。腹を割って話せない。北朝鮮に対しては、現状の激変を避けたい、しかも脅威にならないようにしたい、という二点では日中両国は合意はできるでしょう。しかし中国側は疑心暗鬼です。日米韓は北朝鮮崩壊を想定し、在韓米軍を中国の土手っ腹まで温存するんではないか。自分たちはそれは避けたい、どうしても緩衝地帯をつくりたいと考えているでしょう。

また、北朝鮮に万が一のことがあれば韓国はもたないし、日本だってこんな厳しい経済情勢で、万単位あるいはそれを上回る難民が来たらどうするか。このようないろいろなケースを考えると、先手を打って中国と胸襟を開いて、少なくとも日中韓で話を詰めて、その上で五者の中できちっと連携して北朝鮮に当たっていくべきだと思いますね。
日中の間にパイプがないことが問題を非常に複雑にし、疑心暗鬼になっている。しかも日韓の間でも若干齟齬がある。だから、こういうところをきちんと埋めた上で、今何が一番重要な危機なのかを考えることが大事です。プライオリティーもなく、対症療法的に起きた出来事をただ追っているだけというのはだめな選択だと思います。

緒方　一方のロシアは、御手並み拝見という感じなんですかね。

姜　ロシアは、北朝鮮の安定を望んでいます。ヨーロッパがああなった以上、シベリアの東側に彼らは活路を求めています。今年（二〇一二）十二月にＡＰＥＣがウラジオストックで開かれます。これは、ロシアは東側に関心がありますよ、という意思表示です。そのターゲットは最終的に中国、日本。でもその前に北朝鮮を通って韓国に天然ガスを引くと。韓国側は北朝鮮の動向が不安定なので、パイプラインが消えた場合を一番恐れています。その保障がない限りは最終的にゴーが出せない。ただ、李明博大統領とメドヴェージェフとの間で基本的な合意はできました。ロシアは中国との関係で東側を開拓していかなければならず、そのためには中国や韓国や日本の資本や技術力をどんどん入れ、北朝鮮の労働力もすでに使われています。そういうことを考えると、ロシアにとっては、経済的な実益を求めるためにはこの地域の安定が最優先かな、と。
だれも激変を望んでいないのです。にもかかわらず、しっかりとした戦略的な外交や対応が打てていません。アメリカ国内では、オバマ大統領はタカ派の共和党から弱気をなじられ、妥協しにくくなっています。日本では政権そのものが液状化しかねない状況です。問題の切迫性や優先性をないがしろにして、そのときそのときの世論の移り変わりだけで政治が動いていくような状況の危うさが出ていると思います。

若者たちを引き立て現実を変えたい

緒方　違う質問ですが、姜先生は「加藤周一の衣鉢を継ぐ」というようなことをどこかでおっしゃっています。それとも一つは、あえて「報道ステーション」などテレビにも出ていってちゃんと意見を述べようと。それは学者としてはその分時間も損するし、という人がけっこう多いのではないかと思うのですが、その辺、いかがですか。

姜　タレント学者と言われています（笑い）。筑紫哲也さんが生きているときにはあまり感じなかったのですが、彼の沖縄に対する思いは特別だったし、それから結局彼は、インキュベーターというか、孵化装置の役割をしてくれたと思う。『朝日ジャーナル』のときは「若者たちの神々」「新人類の旗手たち」とか彼が目を付けた人、アーティストとか全部成功していま す。筑紫さんは目利きの人だった。

緒方　プロデューサー役ですね。

姜　そうです。名伯楽です。筑紫さんは悪い言葉で言うとブン屋さんでしたが、そのブン屋さん的なにおいがなくて、越境的にいろんなところに行った。まかり間違えばディレッタントなんですが、筑紫さんは大著を残していない。当然だと思います。それは日々起きていることに関心を向ければ、大作や大著など残せるわけがないんです。私はそれでいいと思うんですね。ジャーナリストというのは日々の記録を間違いなく伝える人ですから。彼が『旅の途中』という本の中で珍しく「人間とはこれまで会った人のことをいう」と言っています。つまり、自分は人と会ったということで自分が形成されてきた。そういう気持ちを持っている人だからこそアーティストを育てた。育てるという意味は、彼がいろんなことを言わなくてもその人を紹介してあげるとか、番組に出すとか、あるいは推薦文を書くとか。見渡すと、今そういう人がいなくなっちゃった。新聞記者にもいない。政治部、社会部、学芸部とセパレートになって、縦割りになっている。テレビ局を見てもそういう人がいない。

緒方　メディアにもいない。

姜　メディアにもいませんね。私は筑紫さんの百分の一でもいいからそういう役割をしたい。筑紫さんの思いみたいなものもちょっとあります。立花隆さんは筑紫さんを尊敬している、といつもおっしゃっていています。立花さんと筑紫さんは根本的に違うんですね。立花さんは大作を残す。でも筑紫さんのような日々の記録をきちっとやっていく人ではない。いわゆる研究者に近いジャーナリストですね。筑紫さんはまれだったと思います。彼はありとあらゆることに横断的に、これは加藤周一さんと通じるところがある。もちろん加藤さんは巨人です。筑紫さんも加藤さんの会に私と一緒によく出ていて、加藤さんを見ていた。知的なグルメなんです。一番グルメの人だと思う。そういう目利きを持っていた。そういう役割を、残されたあと十年でも五年でもいいから出来ればやりたい。

緒方　あえて区切るのはどうしてですか。

姜　やはり五年か十年ぐらいであとは引っ込もうかな、と。あとはものを書くぐらいでいいんじゃないかと。何か残すべき大作というものがあるならば、運よく長生きできれば七十歳から書こう、と思っています。ですからあと十年くらいは、悪く言うと人につばをつけて、この人を紹介してあげるとか、プッシュしてあげるとか。

緒方　前はたとえば『朝日ジャーナル』とか、あるいは一方でテレビが勃興して盛んに出ている。今はインターネットの時代でぜんぜん違いますね。そこでの出し方というのは。

姜　私はBSでもいいし、地上波でもいいし、たまに出る機会があれば出るし、出来る限り多くの人が目を向けてくれるような媒体に何かを発表したりしたい。そういう風にして次の時代を担っていくような人、あっこの人はいいな、という人がいたら引っぱり出したり、伯楽的な役割をしたいなあと。今日本は経済的には左前だけど、経済以外のことではものすごく若者のポテンシャルはあると思います。すぐれた人が出てきつつある。そういう人たちと韓国みたいなところで出てくる人たちとがマッチングして、沖縄を含めて、その人たちが地域の次の時代を担っていかないといけないし、そういう役割が出来たらいいなあ、と。筑紫さんもけっこう長生きしました。彼は七十の半ばを過ぎても第一線にいられたというのは驚異的で、もちろん体力の限界はあったかもしれません。私は七十くらいまではそれをやって、元気ならば、そこから大作を書こうと。学究としての。

緒方　なるほど。こだわるようですが、メディアが今劣化している状況だと思うんです。そこでBSというのはもちろん（メジャーの）テレビではなくて、より周辺的な方が新しい、創造的なことができますよね。それがまた、どういう具合にトレンドで変わっていくのかどうか、非常に注目しているんです。テレビとか一番売れているところにぽんと出るには、妥協も必要だし、それから新人がすぐそこに出るわけにはいかないし。そうすると伯楽としては、どこをどう育てて、どういう場面で影響を及ぼすのか。

姜　たしかに若い人にツイッターでも発信したいと思いますけれど、これは考え方の違いなのか。バーチャルな形での若者の対応、ツイッターにせよフェイスブックにせよ、二十代、せいぜい三十代にいっていない世代の人たちがオフラインで本当に社会関係を形作れるのだろうかという疑問もあるんです。ユダヤ系の学者でバーマンという人は、そういう即席の、ネット上での欲望の即席の実現になれっこになった若者たちがかつてのように悠々自適で職場をいくらでも選べる時代であればいいけれど、彼らには蓄積された技能もなく、それから資産もなく、学歴もどんぐりの背比べぐらいにしか得られなかったとすると、彼らには失業という過酷な状況が待っていると言っています。

大切なことは、オンラインだけではなくてオフラインをどういうふうにきっちりと形づくっていけるか。どんなにバーチャルリアリティが進んだとしても、やっぱりリアルな社会関係というのは一番重要だと思います。ですから、小さな会合でもいいからいろんな場に出ていく。そこで出会いがあるかもしれない。やはりオフラインとオンライン、両方をやらないと。

筑紫さんはあれだけ忙しかったのに、土曜や日曜はボランティアで地方によく出かけていました。もちろんあれだけ忙しければ、それなりの報酬はもらっていたと思いますけれど。でも地方に出かけるときはまったくのボランティアでやっていた。私もそういうことも出来ればいいなあと。ですから先生がおっしゃるように、既存のメディア、周辺メディア、使えるものは使う。しかし若者にはやっぱりオフラインで、リアルな世界の中で現実を変えたり、現実と向き合う、そういうものを育てていかないと。

二、三十年後、毎日カップラーメンを食べていて、テレビやインターネット上ではグルメの人がこんなおいしい料理を食べていますよ、このリゾートに行けばこういうことがありますよと見せられる。食べているものはゴムのように味気ないカップラーメン。こういう光景を考えると、ぞっとします。

これはかつてあったんです。あるところで見たんです。戯画化したものですが、アフリカかどこかのすごく貧しいところで、カマドの周辺に子どもたちが裸足でいる。そこにテレビだけは置かれていて、みんならんらんとそのテレビを見ている。親たちも、これは原始社会であれば、自然と調和がとれてもっと豊かだと思います。一度開発された後に貧しくなった。これはいわゆる第三世界だけの光景なのか。そうではないのではないか。四畳半ぐらいの一人だけの小部屋の中で、周りにはごみが散乱して、帰ってきてもだれもいなくて、そしてカップラーメンをすすって、ゲップが出るくらいのラグジュアリーな光景を見せられて一日が終わる。あまりにもさびしい。これはマイナーな光景ではないんじゃないか、と。なんとかオンラインとオフラインを接合させなければいけない、というか。自分の体力勝負ですが、元気であれば出来る限り、サークル的なものに顔を出したい。これは筑紫さんのやろうとしていたことですよ。

緒方　なるほど。

姜　加藤さんもそうでした。以前はそうでもなかったんですが、晩年は京都とかいろんなところに行って、居酒屋でお話をする。これはかなりエネルギーがいるし、力もいりますし、理解者も必要で、そんなこともちらっと考えています。

緒方　今日は、三回沖縄で講演していただいたもののまとめということになりますが、沖縄でこの本を読む人へのメッセージをいただければと思います。

姜　沖縄は重大な時期にさしかかっていると思います。いつでもそう言われたかもしれませんが、今ほど重大な時期はない。沖縄を取り巻く東アジアの環境が大きく変わりました。なによりアメリカの世界戦略が大きく変わって来て、今回グアムにも勝手に海兵隊を移転させることが起きた。日本経済が萎えていて、日本の中に大きな変化が起きています。では沖縄はどうするか、ということがもう一回突き付けられているわけです。

沖縄の中からの声、沖縄はけっこう外側から来た人の声が沖縄を代弁したりすることになっていたと思うんですが、やはり沖縄は内と外、開かれた形で沖縄の声を日本に届ける、そこから東アジアに届けていかなければいけないし、そういう意味では、朝鮮半島も重大な時期に差し掛かっています。

これは戦後六十年なかったぐらいの大きな変化だと思います。一人ひとりの生き方が問われているし、そういう意味で当事者意識と言うんでしょうか、在日もそうだと思います。私は金大中氏にお会いしたときに「北朝鮮の問題がからんで在日に世論の風当たりが強くて、個別的にはいじめとかが起きています」と話したところ、言下に叱られたんです。「何を言っているんだ。自分でやらないで誰が動くか」と。私はそれを肝に銘じている。沖縄もそうだと思います。自分が動いて初めて他人が動いてくれる。このことをメッセージにしたい、と思います。

緒方　長時間、有難うございます。

編　者
沖縄大学地域研究所
1988年設立。「地域共創・未来共創」を旗印に、まちづくり・シマおこし戦略を大学間および離島との高大連携で展開中。

著　者
姜尚中（カン　サンジュン）
1950年熊本県生まれ。東京大学大学院情報学環教授。
早稲田大学大学院政治学研究科博士課程修了。ドイツ・エアランゲン大学留学、国際基督教大学准教授を歴任。専門は、政治史・政治思想史。
著書は、『日本』（共著、河出文庫、2011年）、『トーキョー・ストレンジャー』（集英社、2011年）、『母―オモニ』（集英社、2010年）、『戦争の世紀を超えて』（共著、集英社文庫、2010年）、『悩む力』（集英社新書、2008年）、『在日』（集英社文庫、2008年）、『戦後日本は戦争をしてきた』（共著、角川書店、2007年）、『日本人はどこへ行くのか』（大和書房、2007年）、『それぞれの韓国そして朝鮮』（角川学芸出版、2007年）ほか多数。

朝鮮半島問題《ちょうせんはんとうもんだい》と日本《にほん》の未来《みらい》
――沖縄から考える――

2012年 5月29日　第1刷発行

著　者
姜《カン》 尚中《サンジュン》

編　者
沖縄大学地域研究所《おきなわだいがくちいきけんきゅうしょ》

発行所
㈱芙蓉書房出版
（代表 平澤公裕）
〒113-0033東京都文京区本郷3-3-13
TEL 03-3813-4466　FAX 03-3813-4615
http://www.fuyoshobo.co.jp

印刷・製本／モリモト印刷

ISBN978-4-8295-0557-1